Oser la fraternité

Regards chrétiens
sur l'actualité de 2016-2017

Gabriel Monet

Oser la fraternité

Regards chrétiens
sur l'actualité de 2016-2017

© 2017, Gabriel Monet
Editeur BoD – Books on Demand
12/14 rond-point des Champs-Elysées 75008 Paris
Imprimé par Books on Demand GmbH, Nordestedt, Allemagne

ISBN : 9782322174805

Dépôt légal : juillet 2017

« Une démocratie doit être une fraternité ;
sinon, c'est une imposture ».
Antoine de Saint-Exupéry

« Plutôt que de proclamer en permanence qu'il faut unir
nos forces, nos talents et nos compétences, unissons nos
fragilités, nos faiblesses, et l'on s'apercevra
que nous avons tous besoin les uns des autres.
La fraternité naît plus facilement de l'acceptation
de la faiblesse que du culte de la performance ».
Frédéric Lenoir

« On fait comme si la fraternité devait rester
un bel idéal de fronton, alors qu'elle devrait être
au cœur de notre projet de civilisation ».
Abdennour Bidar

« Nous devons apprendre à vivre ensemble
comme des frères, sinon nous allons mourir
tous ensemble comme des idiots ».
Martin Luther king

Avant-propos

Dans notre société où l'information nous arrive de toutes parts, le risque existe de ne pas prendre assez de recul pour mettre les choses en perspective, pour oser un regard critique, pour initier une réflexion sur les événements. Non sans malice, le romancier Michael Chrichton fait dire à l'un de ses personnages : « Dans la société de l'information, personne ne pense. Nous pensions bannir le papier mais nous avons en fait banni la pensée ». Il faut certes relativiser cette affirmation selon laquelle « personne ne pense ». Néanmoins, il importe d'être vigilant et ne pas considérer l'information comme un produit de consommation parmi d'autres, mais de savoir poser une juste distance vis-à-vis du flux incessant de l'actualité. L'information *peut*, je dirais même *doit*, nous pousser à la réflexion. Il est utile d'y discerner les marqueurs d'une société en mouvement, de s'enthousiasmer ou de s'offusquer, de se laisser interpeller par des initiatives constructives ou de critiquer des attitudes discutables. Chercher du sens dans ce qui se trame, se vit, se joue autour de nous est essentiel. Heureusement, nous le faisons peut-être en famille, entre amis et collègues parfois ; nombre d'auteurs ou d'éditorialistes nous y aident également. Mes billets d'humeur hebdomadaires ont vocation à constituer une petite contribution dans cette direction. En effet, chaque semaine, j'écris et enregistre une chronique pour la coordination des radios locales adventistes. Elle est d'ailleurs aussi diffusée dans des cercles plus larges, que ce soit en audio ou dans sa version écrite. Le présent volume rassemble mes billets d'humeur de septembre 2016 à juin 2017. Ils ne sont pas neutres ; ils assument un regard chrétien sur l'actualité. Sans imposer un schéma de pensée prédéfini, il s'agit de mettre en miroir les événements de notre temps avec les valeurs de l'Évangile. En effet, un chrétien ne peut rester insensible face à la marche de la société. Sa vocation n'est pas de se retirer du monde mais d'y assumer une présence constructive (Jean 17.15-18). Jésus exhortait ses disciples à être le sel de la terre (Matthieu 5.13). Alors j'espère que ces regards hebdomadaires sur une actualité variée sont autant de pincées de sel qui sont l'expression de convictions ancrées dans une foi raisonnée et raisonnable.

Le titre « *Oser la fraternité* » a été choisi car le thème se trouve être récurrent dans les billets d'humeur de cette saison. La fraternité, c'est un besoin fondamental partagé par tous, une aspiration commune. Nos individualismes comme les difficultés de toute relation humaine freinent nos élans vers la fraternité ; il ne s'agit pourtant pas de s'en écarter. Certes, l'« Histoire » comme « nos histoires » mettent en évidence combien la fraternité demeure un défi. C'est justement pour cela qu'il faut l'« oser » ! La Déclaration universelle des droits de l'homme, dont nous allons bientôt fêter les 70 ans, évoque la fraternité dans son article premier, essentiel et fondateur : « Tous les êtres humains naissent libres et égaux en dignité et en droits. Ils sont doués de raison et de conscience et doivent agir les uns envers les autres dans un esprit de fraternité ». La fraternité avant d'être une réalité est un projet, une quête, un objectif. La présence du mot dans la devise de la France : « Liberté, égalité, fraternité » en est l'affirmation. Alors que cette année nous commémorons les 500 ans de la Réforme, il n'est pas anodin que la Fédération protestante de France ait choisi comme thème « Vivre la fraternité ». Cette fraternité n'est pas l'apanage des chrétiens, mais plus que d'autres peut-être, ils gagneraient à en être des acteurs déterminés et des promoteurs ardents puisque Jésus a fait de nous des frères et sœurs, ses frères et sœurs. Dans l'Évangile, évoquant l'importance de prendre soin les uns des autres, Jésus affirme : « En vérité, je vous le déclare, chaque fois que vous l'avez fait à l'un de ces plus petits, qui sont mes frères, c'est à moi que vous l'avez fait » (Matthieu 25.40). Alors oui, il est bon de se réjouir de ce qui est fraternel dans notre monde, de regretter ce qui ne contribue pas à un vivre-ensemble harmonieux, et surtout de s'engager pour « oser la fraternité » !

Gabriel Monet
Collonges-sous-Salève, le 3 juillet 2017

Éloge de la fraternité

21 septembre 2016

L a fraternité, il ne faut pas seulement en parler, il faut la vivre ! Or c'est un indéniable défi…

L'actualité des derniers jours, comme toujours, ne cesse de mettre en évidence une trop longue liste de conflits. De l'impossible cessez-le-feu en Syrie au trucage des élections au Gabon, en passant par les luttes de pouvoir à l'aube des prochaines élections aux États-Unis ou en France, les déchirements ne manquent pas. Pourtant, même si la visée d'un vivre-ensemble harmonieux et respectueux semble une utopie dans les faits, les mots demeurent indispensables pour se projeter et encourager le plus grand nombre à agir dans le sens de la fraternité.

Dans deux discours significatifs cette semaine, la fraternité a été évoquée. Tout d'abord lors de l'hommage national aux victimes du terrorisme, le 19 septembre aux Invalides à Paris. Une des interventions les plus remarquées a été celle de Yasmine Marzouk, 21 ans, rescapée de l'attentat du 14 juillet, qui a perdu trois membres de sa famille. Elle a appelé les Français à ne surtout pas faire d'amalgames car ces terroristes « n'ont ni loi, ni foi, ni religion ». Elle a mis en valeur la notion de fraternité en montrant qu'elle avait été une réalité le 14 juillet à Nice en réaction à l'horreur de l'attentat : « Ce soir-là, ce mot trouvait son sens à s'appliquer… Tous égaux, tous touchés, tous frères. Entraide et solidarité étaient au rendez-vous ». Elle a conclu son discours avec ce souhait plein d'espérance : « Que la haine cesse d'être attisée entre les différentes communautés religieuses. Soyons une seule communauté dans nos valeurs communes comme dans nos différences ».

Presque en écho à cet appel, Barack Obama a milité pour plus de fraternité alors qu'il s'exprimait au Sommet sur les réfugiés dans le cadre de l'Assemblée générale des Nations Unies à New York. Il l'a fait en citant une lettre d'Alex, un enfant de six ans qui lui a écrit après avoir vu la vidéo d'Omran, l'enfant rescapé d'un bombardement à Alep. Alex a proposé à Barack Obama d'accueillir Omran chez lui avec ces mots : « Comme il n'aura pas de jouets, je lui prêterai mon vélo et je lui apprendrai à en faire. Je lui apprendrai à faire des additions et des soustractions. Ma petite sœur attrapera des papillons et des lucioles pour lui. On pourra jouer tous ensemble. Nous lui donnerons une famille et il sera notre frère ». Barack Obama de commenter : « Ce sont les mots d'un enfant de six ans, ils nous enseignent beaucoup. L'humanité qu'un jeune enfant peut afficher, lui qui n'a pas appris à être cynique, suspicieux ni à avoir peur des autres en fonction de là où ils viennent, de ce à quoi ils ressemblent ou comment ils prient, et qui comprend simplement la notion de traiter quelqu'un qui est comme lui avec compassion, avec gentillesse. Imaginez la souffrance que nous pourrions soulager, les vies que nous pourrions sauver et ce à quoi notre monde ressemblerait si, en voyant un enfant qui a mal partout quelque part dans le monde, nous disions : "Nous allons lui donner une famille et il sera notre frère" ».

La Bible déjà invitait à la fraternité. Du psalmiste qui déclarait : « Qu'il est bon, qu'il est doux de vivre en frères tous ensemble » (Psaume 133.1) à Jésus qui affirme : « Vous êtes tous frères » (Matthieu 23.8), l'idéal est clairement de tendre vers des relations constructives de respect inconditionnel. Pourtant la Bible est loin d'être idéaliste concernant la fraternité ; elle relate avec lucidité et authenticité les impasses et les échecs des femmes et des hommes n'arrivant pas à vivre ensemble de manière épanouissante. Luttes de pouvoir, tensions fratricides, tromperies et complots font partie du quotidien de ceux qui sont parfois appelés femmes et hommes de Dieu. Il ne s'agit donc pas de vœux béats désincarnés des difficultés de la vraie vie, mais hier comme aujourd'hui, il importe de laisser résonner ces exhortations pour ne pas nous complaire dans l'indifférence ou dans la haine mais d'être acteurs, chacun à notre niveau, pour passer du désir à la réalité et faire advenir un monde plus fraternel.

Rêve de paix

28 septembre 2016

« Nous laissons derrière nous l'ère de la belligérance et marchons ensemble vers la paix ». Ainsi s'exprimait Shimon Peres en recevant le prix Nobel de la paix. Quelques vingt ans plus tard, la marche semble encore longue et Shimon Peres s'est éteint avant que la flamme de la paix ne soit vraiment allumée. Et pas seulement entre Israël et les Palestiniens… Oui, la paix semble parfois une utopie ici-bas. Elle est en tout cas plus complexe à advenir qu'il n'y paraît bien souvent. Et pourtant, il n'y a rien de tel que de toujours chercher à la construire.

A certains égards, la vie de Shimon Peres en est l'illustration. Il avait 25 ans au moment de la création de l'État d'Israël et c'est sous l'impulsion de son fondateur, David Ben Gourion, que Peres s'est engagé en politique. Il a occupé pendant plus de 50 ans de vie publique de nombreuses responsabilités : Premier ministre à deux reprises, Ministre de la Défense, des Affaires étrangères, des Finances… Il n'a pas toujours été un tendre, une « colombe » comme on dit, même si par la suite il s'est opposé aux « faucons » de la droite israélienne. Il est considéré comme le grand coordinateur du programme nucléaire israélien. Une image qui contraste avec l'artisan des accords de paix d'Oslo qu'il a été, même s'il déclarera bien plus tard, en 1998, que « ce programme nucléaire avait pour objectif d'avoir non pas Hiroshima mais Oslo ». Il est vrai que ces accords d'Oslo constituent un moment clé de sa vie, lorsque le 13 septembre 1993, sous le regard du Président Bill Clinton, il signe à Washington avec Yitzhak Rabin et Yasser Arafat les jalons d'une résolution du conflit israélo-palestinien. C'est ce qui leur vaudra à tous trois de recevoir le 10 décembre 1994 à Oslo le prix Nobel de la paix. Mais cette récompense paraît bien fade puisque la paix effective, elle, n'est pas advenue. Elle est restée un rêve, une espérance, que Shimon Peres a gardé jusqu'à la fin, y compris quand il est devenu Président d'Israël à 84 ans, fonction qu'il a occupée de 2007 à 2014.

Parmi les réactions des politiques français à la mort de Shimon Peres, celle d'Emmanuel Macron a retenu mon attention. Il a tweeté : « Shimon Peres m'avait dit qu'on est jeune aussi longtemps que la somme de nos rêves dépasse celle de nos réalisations. Il nous quitte donc sans avoir jamais vieilli ». Shimon Peres était un éternel optimiste, un idéaliste de la paix, et s'il est mort sans avoir jamais vieilli, selon la formule, c'est parce que ce rêve de paix est malheureusement demeuré une réalité à construire. L'artisan des accords d'Oslo s'en va, l'espérance que ces accords avaient suscitée s'est envolée bien avant lui...

Israël a gagné toutes ses guerres, disait Shimon Peres en 1994, « mais nous n'avons pas remporté la plus grande des victoires : celle qui nous dispense de devoir remporter des victoires ». Oui, il est plus facile de gagner des guerres que de gagner la paix...

Quand elle évoque la paix, la Bible est lucide. En effet, la paix ne semble jamais un acquis, elle est toujours un projet. En tous cas la paix que les humains cherchent à établir... Ainsi, dans les Psaumes, on trouve cette exhortation : « Évite le mal, agis bien, recherche la paix et poursuis-la » (Psaume 34.15). La paix peut sembler une utopie, mais qui vaut la peine qu'on s'y engage. Une des célèbres béatitudes affirme : « Heureux ceux qui font œuvre de paix : ils seront appelés fils de Dieu » (Matthieu 5.9). Ceci étant, la véritable paix n'est pas forcément celle que l'on essaye de construire ici-bas, avec nos armes ou nos idéaux, mais une paix intérieure qui vient de Dieu. Jésus lui-même a dit : « Je vous laisse la paix, je vous donne ma paix. Ce n'est pas à la manière du monde que je vous la donne. Que votre cœur cesse de se troubler et de craindre » (Jean 14.27). D'une certaine manière, la paix se reçoit avant de se construire, et c'est un don de Dieu.

Deux poids, deux mesures
5 octobre 2016

L a vie est faite de contradictions. L'une d'entre elles est mise à jour sous nos yeux dans le traitement du conflit syrien et dans le désir d'éradiquer Daech. La situation à Alep a été assez unanimement condamnée par les Occidentaux qui reprochent à la Syrie de Bachar el-Hassad et à la Russie de Vladimir Poutine de commettre l'irréparable en bombardant et en attaquant Alep sans forcément chercher à faire le tri entre les civils, les rebelles et les djihadistes. Il est vrai qu'il est choquant d'apprendre qu'on bombarde volontairement un hôpital et que des associations humanitaires ne peuvent faire leur travail pour apporter un tant soit peu d'humanité à l'innommable de la guerre. Mais ces Occidentaux, Etats-Unis et Europe en tête, qui crient au scandale face à ce qui se passe à Alep ont peu après annoncé qu'ils engageaient la bataille de Mossoul, avec au programme : bombardements et soldats au sol pour reprendre la ville aux djihadistes. La situation n'est certes pas identique, mais les solutions envisagées sont malgré tout assez similaires. Ce qu'on condamne chez autrui, on le permet pour soi.

Une autre situation potentiellement ambiguë se fait jour dans la lutte d'idées et de propositions que se livrent les candidats à la primaire des Républicains en France. Il se trame dans le camp Sarkozy un projet qui induit véritablement d'avoir « deux poids deux mesures ». L'idée serait d'interdire le voile islamique de tout l'espace public, mais sans toucher aux autres signes religieux, tels que croix, soutanes, kippas et autres. Pour ce faire, l'argumentation assez alambiquée ne serait en fait pas officiellement et juridiquement religieuse, car sinon l'incohérence serait trop flagrante, mais s'appuierait sur une vision discriminante du voile, en l'occurrence « l'inégalité entre les hommes et les femmes ». Je ne suis pas spécialement un adepte du voile islamique et j'ai conscience que dans certains cas, son port va de pair avec une vision de soumission et d'abaissement de la femme, que je regrette et condamne, mais ce serait très réducteur de le cantonner à cela. Pour le coup, la proposition du Front National, que je ne partage pas, qui va dans le sens d'interdire tous les signes religieux de l'espace public, me paraîtrait presque plus logique et cohérente.

Ce « deux poids, deux mesures », on le trouve aussi dans bien d'autres situations, aux niveaux international, national, aussi bien que dans nos vies personnelles. Souvent, les différences que nous faisons ou les incohérences dont nous sommes porteurs, sont liées à des agendas cachés. En d'autres termes, si nous faisons « deux poids, deux mesures », ce n'est pas tant un problème avec « ce qui est pesé » mais ce qui se joue à côté. Entre les Russes et les Occidentaux, la divergence concernant Alep et Mossoul va au-delà de la sauvegarde des deux villes, elle est en fait liée aux rapports de force entre puissances. Pour le projet Sarkozy d'interdiction du voile, ce n'est pas tant pour les femmes que se bat le candidat républicain mais contre l'Islam, et par là-même pour ratisser des électeurs aussi largement que possible, notamment sur sa droite. Toujours est-il que ces « deux poids, deux mesures » dont nous sommes témoins ou parfois acteurs témoignent de la complexité des situations et de la difficulté que nous avons à accueillir la différence.

Penser et agir avec cohérence et justice est un défi aussi vieux que le monde. Dans la Bible on trouve divers encouragements afin de ne pas tomber dans le « deux poids, deux mesures ». Quand Jésus invite à « faire aux autres ce qu'on voudrait qu'ils nous fassent », il nous encourage à une justice généreuse et donc à permettre à autrui ce que l'on se permet de faire soi-même, ou inversement. Si je trouve dommageable qu'un autre aille bombarder une ville, peut-être devrais-je m'interroger quand je le fais. Ou si je veux interdire un signe religieux à un tiers tout en voulant garder le mien, je n'applique pas cette règle d'or de l'Evangile. Comme l'apôtre Paul l'a dit : « Cessons donc de nous juger les uns les autres » ; puis il ajoute : « Garde pour toi, devant Dieu, la conviction que la foi te donne. Heureux celui qui ne se condamne pas lui-même en exerçant son discernement » (Romains 14.13,22). Agir avec cohérence et respect d'autrui est un défi, mais qu'il vaut la peine de relever !

Le droit de sourire

12 octobre 2016

Sourire ou ne pas sourire, telle est la question. En tous cas, la question sur laquelle la Cour administrative d'appel de Paris a dû se pencher et le verdict est tombé : Sourire interdit… sur les pièces d'identité.

Au départ de cette procédure, un haut fonctionnaire qui en 2012 fait une demande de renouvellement de passeport ; or à sa grande surprise il voit sa demande rejetée du fait que la photo d'identité fournie le représente avec un sourire. Non content du résultat, il a porté l'affaire devant la justice administrative et il a été débouté, en première instance en 2014, puis en appel il y a quelques jours ! Le premier verdict citait la circulaire du 13 janvier 2010 relative aux conditions de délivrance et renouvellement des passeports selon laquelle « le sujet doit fixer l'objectif. Il doit adopter une expression neutre et avoir la bouche fermée. Il ne doit notamment pas sourire ». En appel, les choses ont été plus procédurières puisque l'avocat du plaignant s'est appuyé sur le fait que cette circulaire n'a aucune valeur légale car la loi stipule seulement que « le sujet » doit « fixer l'objectif », « adopter une expression neutre » et « avoir la bouche fermée ». Pour Maître Boulet, « aucun texte réglementaire n'interdit de sourire sur une photo, à condition de garder la bouche fermée ». Et de prendre l'exemple de la Joconde pour affirmer que l'on peut sourire avec une bouche fermée, tout en gardant une expression neutre.

Mais au-delà de la loi et de la circulaire très tatillonne, pourquoi donc est-il interdit de sourire sur une photo d'identité ? L'explication remonte à l'instauration du passeport biométrique. Depuis 2005, les spécifications de l'Organisation de l'Aviation Civile Internationale imposent aux habitants de 188 pays membres de ne pas sourire. En fait, le texte officiel proscrit « de sourire de façon trop prononcée », non par méchanceté, mais pour une raison technique : les passeports biométriques contiennent une puce qui enregistre empreintes et photo. Or d'après Thales Security and Supervision, « le sourire altère la position et la structure des yeux et du nez, qui sont les principaux points d'identification caractérisant un visage, en utilisant 128 points de comparaison ».

Au final, sans parler du fait que nous devons nous plier à la dictature de la technologie, on peut regretter une application un peu trop zélée de ces directives malgré tout assez logiques. Alors que son avocat espérait qu'en gagnant « les Français pourraient donner un visage sympathique de leur pays aux frontières du monde entier », le plaignant s'interrogeait : « Est-il responsable, dans une France dépressive, que les autorités reprochent leur sourire aux Français ? ». En effet, au-delà des exigences techniques, il est des symboles qui sont significatifs. Même si ces audiences devant la justice administrative paraissent assez anecdotiques, je suis sensible à l'idée de se battre pour le droit de sourire. Je regrette le résultat de cette procédure car je m'affirme clairement comme un « pro-sourire ».

Dans la Bible, le sourire n'est pas mentionné comme un droit, évidemment. Ceci étant, il est presque considéré comme un devoir ! En tous cas une attitude de vie fondamentale à adopter. La joie y est présentée comme un don de Dieu à accueillir et à vivre quelles que soient les circonstances. Dans les célèbres béatitudes Jésus invite à prendre conscience que l'on peut être « heureux » non seulement quand on est artisan de paix, miséricordieux ou avec un cœur pur, mais même si l'on est pauvre ou persécuté (Matthieu 5.3-12). L'apôtre Paul, dans son épître aux Philippiens, écrite alors qu'il était assez injustement prisonnier, fait preuve d'un enthousiasme incroyable et exhorte : « Réjouissez-vous dans le Seigneur en tout temps ; je le répète, réjouissez-vous » (Philippiens 4.4). Cette loi-là, cette circulaire-là est sans ambiguïté. Non seulement nous pouvons laisser paraître notre sourire sur notre visage, mais surtout nous sommes invités à cultiver un cœur joyeux. Alors si le temps d'une photo nous devions nous interdire de sourire avec nos lèvres, gardons toujours le plus beau des sourires, celui de notre cœur qui transparaît dans nos attitudes de vie.

On ne devrait pas dire ça...

19 octobre 2016

Il est un proverbe qui dit : « Tout labeur donne du profit, mais le bavardage n'aboutit qu'au dénuement » (Proverbes 14.23). Il est vrai que des paroles anodines et un peu légères peuvent avoir des conséquences que l'on regrette. Deux hommes clés de l'actualité ont ces derniers jours essayé de minimiser, relativiser ce qu'ils ont dit ; d'éteindre l'incendie que leurs paroles ont généré. S'ils pouvaient même ne pas avoir dit ça, ils s'en porteraient vraiment mieux.

La sortie du livre *Un président ne devrait pas dire ça...* et les réactions qu'il suscite illustrent combien le bavardage peut non seulement être futil mais mener au dénuement, pour reprendre la formule du proverbe. Dans cet ouvrage, les journalistes du journal *Le Monde*, Gérard Davet et Fabrice Lhomme, relatent le fruit de leurs nombreuses discussions avec le Président François Hollande qui y partage de manière très personnelle sa vision des situations et essaye de mettre en perspective son quinquennat. Mais François Hollande a parlé trop vite, ou tout simplement trop parlé. Résultat : de nombreuses polémiques qui voilent un peu plus la fin de son mandat et amenuisent ses chances de concourir à la prochaine élection présidentielle. Hollande s'excuse plus ou moins, regrette, rectifie, mais quand le mal est fait, ou plutôt, quand le mal est dit, difficile de rectifier le tir.

Un autre candidat, à la présidence des États-Unis cette fois, parle plus vite que son ombre. C'est Donald Trump. Ses flots de paroles ont longtemps fait illusion. La force de son verbe faisant incessamment le buzz, il a réussi à fédérer une partie de l'opinion américaine. Mais les révélations de ses paroles misogynes et obscènes sur les femmes sont comme la goutte qui fait déborder le vase et « écœurent » son propre camp. Il a de ce fait aujourd'hui perdu nombre de ses soutiens. A force de trop parler et de mal parler, hier comme aujourd'hui, son image est écornée.

Ces deux cas paraissent extrêmes, en particulier le deuxième, mais finalement des paroles qu'on regrette, qu'on ne « devrait pas dire », on en prononce tous à un moment ou un autre... En fait, il n'y a rien de nouveau sous le soleil. Depuis toujours, la langue ouvre des univers positifs en ce qu'elle permet de dire du bien mais c'est aussi par elle que des générations ont regretté d'avoir parlé trop vite ou de manière inadaptée. Il y a bien longtemps, des sages ont mis tout cela en évidence. L'apôtre Jacques a montré que « si quelqu'un ne trébuche pas lorsqu'il parle, il est un homme parfait, capable de tenir en bride son corps entier », et il ajoute : « La langue est un petit membre qui se vante de grands effets. Voyez comme il faut peu de feu pour faire flamber une vaste forêt » (Jacques 4.3-5).

Quant à Socrate, il peut nous aider à faire bon usage de nos paroles. On raconte qu'un jour, quelqu'un est venu le voir et lui a dit : Écoute Socrate, il faut que je te raconte comment ton ami s'est conduit. Arrête ! interrompit l'homme sage. As-tu passé ce que tu as à me dire à travers les trois tamis ? Trois tamis ? dit l'autre, rempli d'étonnement. Oui, mon bon ami : trois tamis. Examinons si ce que tu as à me dire peut passer par les trois tamis. Le premier est celui de la vérité. As-tu contrôlé si ce que tu as à me dire est vrai ? Non, je l'ai entendu raconter, et… Bien, bien. Mais assurément, tu l'as fait passer à travers le deuxième tamis. C'est celui de la bonté. Ce que tu veux me dire, si ce n'est pas tout à fait vrai, est-ce au moins quelque chose de bon ? Hésitant, l'autre répondit : Non, ce n'est pas quelque chose de bon, au contraire… Hum, dit le Sage, essayons de nous servir du troisième tamis et voyons s'il est utile de me raconter ce que tu as à me dire… Utile ? Pas précisément. Eh bien, dit Socrate en souriant, si ce que tu as à me dire n'est ni vrai, ni bon, ni utile, je préfère ne pas le savoir, et quant à toi, je te conseille de l'oublier…

Sacré défi de ne dire que des paroles vraies, bonnes et utiles, mais à n'en pas douter, un idéal de sagesse, qui nous rendra probablement moins bavards, mais qui fera qu'on ne pourra pas dire à notre propos : « Il ne devrait pas dire ça ».

La valeur des choses

26 octobre 2016

« S'ils n'ont pas de pain, qu'ils mangent de la brioche ! » C'est ce qu'aurait dit Marie-Antoinette en octobre 1789 lorsqu'une foule de femmes s'étaient rendues à Versailles pour se plaindre de n'avoir plus de pain dans une France en disette. Si l'épisode est sujet à caution et probablement une extrapolation extraite des *Confessions* de Rousseau publiée quelques années plus tôt, il n'en reste pas moins vrai que les élites vivent souvent loin des réalités des gens « normaux ». C'était il y a deux siècles, au temps de la royauté finissante, c'est encore vrai aujourd'hui.

Jean-François Copé nous en a donné la preuve la plus récente puisqu'à la question de savoir combien coûte un pain au chocolat, question d'un auditeur relayée par l'animateur d'une matinale radiophonique lundi 24 octobre, le candidat à la Primaire de la droite a répondu : « Ecoutez, je n'en ai aucune idée mais ça dépend des tailles. Je pense que ça doit être aux alentours de 10 ou 15 centimes d'euro ». En l'occurrence, l'estimation est très sous-estimée par rapport à la réalité, puisque la viennoiserie coûte rarement moins d'un euro !

Jean-François Copé n'est pas la première personnalité politique à se retrouver piégée par une question sur la valeur des choses du quotidien. En février 2012, c'est Nathalie Kosciusko-Morizet briguant la Mairie de la capitale, qui évaluait le ticket de métro parisien à 4 euros, loin de son coût réel de 1,70 euros. Avant eux, Giscard d'Estaing, déjà avec le ticket de métro, ou François Mitterrand, sur le prix d'une baguette de pain ou d'un litre d'huile, avaient montré une certaine déconnexion avec la réalité de la vie des gens.

Même si l'on peut regretter que les interviews politiques cherchent le buzz avec ce genre de question, pour Jean-François Copé, qui n'était déjà pas haut dans les sondages, le nombre de voix qu'il rassemblera dans l'élection à laquelle il concourt risque d'être aussi réduit que son évaluation du prix d'une chocolatine. Mais au-delà de la polémique finalement assez anodine, et qui pourtant fait parler jusqu'aux États-Unis et en Chine, la question qui se pose concerne la valeur des choses. Je peux comprendre que certains leaders ne s'occupent pas au quotidien des achats de la vie courante, mais le décalage avec la « vraie vie » des gens interroge sur la capacité à mener une action fructueuse dans la fonction qui est la leur. Théoriquement, quand on s'engage en politique, ce devrait être pour « servir » et non pour « se servir ». Or malheureusement, cet exemple et bien d'autres nous montrent que cet idéal est assez loin de la réalité.

Cependant, on peut aussi s'interroger sur le rapport entre le prix d'une chose et sa véritable valeur. Dans la société monétisée qu'est la nôtre, la valeur d'une chose est fonction de son prix. Mais, sans nier un évident rapport, peut-être peut-on opposer à la financiarisation à tout va, une certaine manière de voir qui cherche à valoriser les choses en tant que telles, et non seulement par rapport au prix affiché ou pratiqué. Finalement, je ne trouve pas si grave que l'on se trompe sur le prix d'une chose, si cela pouvait témoigner d'une certaine naïveté qui nous permet de valoriser ce que l'on aime ou ce qui est important à nos yeux.

Dans l'Évangile, se trouve un épisode où Jésus observe les gens apporter leurs offrandes. Les riches y mettent ostensiblement leur don pour se faire valoir. Mais une « veuve misérable » vient y apporter deux petites pièces. Alors Jésus affirme : « Vraiment, je vous le déclare, cette veuve pauvre a mis plus que tous les autres. Car tous ceux-là ont pris sur leur superflu pour mettre dans les offrandes ; mais elle, elle a pris sur sa misère pour mettre tout ce qu'elle avait pour vivre » (Luc 21.3-4). N'est-il pas beau d'avoir la capacité de donner de son essentiel pour ce qui est important à ses yeux. Au final, qu'on achète ou pas des pains au chocolat pour le petit-déjeuner, parce qu'on les aime ou pas, parce qu'on fait attention à sa ligne ou pas, parce qu'on en a les moyens ou pas, l'essentiel est la valeur que l'on donne aux choses, et cela ne se mesure pas seulement à leur prix.

Un esprit de réforme

2 novembre 2016

Chaque année, le 31 octobre marque ce qu'on appelle « la fête de la Réformation ». En effet, le 31 octobre 1517 est souvent considéré comme point de départ de la Réformation. C'est ce jour-là, ou même plutôt cette nuit-là, que Martin Luther aurait affiché ses 95 thèses sur les portes de l'Église de Wittenberg. Luther était un moine catholique qui découvrait les textes bibliques grâce à l'esprit de la Renaissance et à l'irruption de l'imprimerie, donnant ainsi accès aux textes à ceux qui en étaient le plus souvent privés. En lisant l'épître de Paul aux Romains, Luther découvre la notion de justification par la foi, c'est-à-dire que le salut est offert gracieusement par Dieu pour qui l'accepte par la foi, et ce, sans que cela ne nécessite au préalable de quelconques œuvres, notamment le fait de payer des indulgences, comme c'était une exigence pour le salut dans la compréhension de l'Église catholique de l'époque. L'intention initiale de Luther n'était pas de créer une nouvelle confession mais de réformer l'Église catholique. Plusieurs facteurs politico-religieux ont rendu cela impossible et finalement cet acte initial d'afficher ou d'affirmer ces thèses a été un point marquant d'une Réforme qui a suscité l'essor du protestantisme.

C'est donc dans un an que sera célébré le 500ème anniversaire de la Réformation. Cette année, entre le 31 octobre 2016 et le 31 octobre 2017, est une année de commémorations qui verra se vivre de très nombreux événements. Le premier d'entre eux, qui a marqué l'ouverture de cette année spéciale, a eu lieu à Lund, en Suède, avec une célébration spéciale dans une cathédrale de ce pays à majorité luthérienne. Pour l'occasion, de nombreuses personnalités ont été conviées, dont le pape qui a, avec un peu de surprise, accepté l'invitation, manifestant ainsi un signe d'ouverture. Si pendant des siècles l'opposition entre catholiques et protestants a été virulente, violente et même sanglante, depuis une cinquantaine d'années les choses se sont pacifiées. Mais cela reste une première que le pape aille jusqu'à être présent pour la célébration de la fête de la Réformation. A l'occasion de cette célébration œcuménique du 31 octobre à Lund, la Fédération luthérienne mondiale et l'Église catholique ont publié une déclaration conjointe qui cherche vraiment à tourner la page des querelles du passé. Le document se termine par « un appel à toutes les paroisses et à toutes les communautés luthériennes et catholiques pour qu'elles soient audacieuses et créatives, joyeuses et pleines d'espérance dans leur engagement à poursuivre la grande aventure devant nous. Au lieu des conflits du passé, le don de Dieu de l'unité entre nous devrait guider notre coopération et approfondir notre solidarité ».

Au-delà de sa dimension purement religieuse, je retiens trois éléments de cette commémoration du 500ème anniversaire de la Réformation et de cette célébration à Lund qui en marque le commencement. Tout d'abord, qu'« il y a un temps pour tout. Un temps pour saper et un temps pour bâtir ; un temps pour se lamenter et un temps pour danser ; un temps de guerre et un temps de paix » (Ecclésiaste 3). Les situations ne sont pas figées, il faut parfois savoir être patient, mais heureusement le temps nous offre des occasions de changer, de réparer ; les conflits du passé peuvent rester cantonnés dans le passé, et de nouvelles pages s'ouvrir.

Et cela m'amène à un deuxième point essentiel. L'esprit de réforme est vital dans toutes les dimensions de la vie. Le *statu quo* est rarement porteur. Il ne s'agit pas de manquer de stabilité, mais d'oser avancer pour sans cesse chercher la route la meilleure, dans les situations, dans les institutions, comme dans les relations. Ce qu'il y a d'intéressant avec la notion de réforme c'est que l'on cherche le nouveau tout en ne niant pas le passé et ce qu'il avait de bon, puisque réformer, c'est parfois inventer du neuf et parfois revenir à ce que le vieux avait de bon et qu'on a peut-être oublié ou négligé.

Enfin, il n'y a rien de tel que l'unité. Non pas une unité de façade qui refuse les différences identitaires, mais une unité respectueuse des diversités qui permet l'accueil, la réconciliation, le respect et la fraternité. D'ailleurs, on ne peut que se réjouir du choix de la Fédération protestante de France, engagée à fédérer les commémorations de ce cinquième centenaire de la Réforme, qui a choisi de placer ces célébrations sous ce thème : « Vivre la fraternité ». Voilà l'essence même de ce que devrait générer toute religion. Il s'agit donc, pour ceux qui le veulent, de célébrer cette fraternité, mais plus encore et pour tous, de la vivre !

God bless America

9 novembre 2016

A la surprise générale, Donald Trump a été élu Président des États-Unis. Si ses partisans se réjouissent, beaucoup sont ceux qui pleurent, qui sont choqués, qui s'inquiètent. Sera-t-il un aussi mauvais président que beaucoup le prédisent ? Il y a certes de quoi se faire du souci après une campagne qui a révélé de sa part une bonne dose de xénophobie et de machisme, mais aussi d'improvisation, de méconnaissance des dossiers et d'une réelle légèreté. Cependant, le principe de réalité ne va-t-il pas s'appliquer et s'imposer à lui ? Son entourage d'une part et le poids de la fonction d'autre part risquent bien de lisser son discours et d'élever un peu son attitude. On ne peut que l'espérer et pourquoi pas prier dans ce sens. Les Américains, si prompts à prier en toute situation, sont souvent en première ligne pour mettre en pratique l'invitation biblique à prier pour les autorités qui nous gouvernent (1 Timothée 2.2). Certes, dans son premier discours après l'élection, presque étonnamment Donald Trump n'a pas fini par le célèbre *God bless America*, mais il a d'ores et déjà eu un ton et un fond très différents que lors de sa campagne. Il a d'abord ouvert un chemin de rassemblement et d'unité. « Maintenant, – a-t-il déclaré – il est temps pour l'Amérique de panser les plaies de la division. […] Je serai président pour tous les Américains ». Cela fait certes un peu pompier pyromane, mais espérons que cela sera sa ligne de conduite, en politique intérieure comme extérieure. Lui qui avait traité avec un réel mépris bien des nations étrangères a déjà changé son discours : « Je tiens à dire à la communauté mondiale que si nous mettrons toujours les intérêts des États-Unis d'abord, nous traiterons équitablement avec tout le monde, tous les peuples et toutes les autres nations. Nous chercherons un terrain d'entente, non l'hostilité ; un partenariat, non le conflit ». On croirait presque à une conversion. L'avenir dira ce qu'il en est, mais ce premier discours témoigne d'une dynamique nouvelle.

Le premier discours d'Hilary Clinton après sa défaite est lui aussi révélateur, et je le trouve très édifiant. Certes, elle y exprime toute sa déception qu'on imagine volontiers profonde et durable. Mais j'ai été impressionné par sa capacité à être « bonne joueuse ». Alors que l'antagonisme avec Donald Trump avait atteint un paroxysme dans une campagne aux élans nauséabonds, la joute terminée c'est le temps du rassemblement et de la tolérance, et même d'une volonté de collaboration. Bien sûr, il y a une part de façade dans tout cela, mais à l'entendre, on sent un réel désir de mettre les personnes au second plan pour valoriser l'unité du pays et le rêve américain. « Notre campagne – dit-elle – ne concernait pas une seule personne ou même une seule élection ; elle concernait le pays que nous aimons et le fait de construire une Amérique qui vit dans l'espérance, qui est inclusive et qui possède un grand cœur ». Il y a aussi de la lucidité quand elle affirme que cette élection a mis en évidence un pays plus divisé que beaucoup ne le pensaient. Mais plutôt que de cultiver l'abattement et la rancœur, elle manifeste une capacité à tourner la page et à se tourner résolument vers l'avenir, celui de l'incessant rêve américain. Une belle leçon de vie qui invite à se relever après l'échec, à rester debout dans la tempête, à aller de l'avant malgré les déceptions. Elle appuie d'ailleurs cette vision et cette attitude sur un texte des Écritures qu'elle n'hésite pas à citer dans sa conclusion. « Ne nous lassons pas de faire le bien ; car si nous ne nous décourageons pas, nous aurons notre récolte au moment voulu » (Galates 2.9). Elle a probablement à l'esprit un double niveau de lecture en citant cette phrase de l'apôtre Paul, mais il n'empêche que son encouragement à ne pas se lasser de faire le bien, quelles que soient les circonstances, témoigne d'une belle mentalité qui pourrait nous inspirer. Hilary Clinton, elle, achève son discours en demandant à Dieu de bénir son auditoire et de bénir l'Amérique.

God bless America. Formule passe-partout ou vœu sincère ? Certains pourraient s'interroger : Dieu peut-il bénir l'inbénissable ? Question probablement légitime, mais en même temps, Dieu sait écrire droit sur des lignes courbes.

Le lieu qui fait lien

16 novembre 2016

Le 13 novembre 2015, au Bataclan, au Stade de France et sur quelques terrasses parisiennes, 130 vies ont été fauchées sous les balles de djihadistes insensés. Les 12 et 13 novembre 2016, un an plus tard, retour sur les lieux. Pour marquer le premier anniversaire de cette ignominie et pour se souvenir, le Président Hollande inaugure des plaques commémoratives sur tous les sites. La veille, le Bataclan a retrouvé sa raison d'être. Défiguré par les kalachnikovs, il a fait peau neuve et accueille à nouveau musiciens et spectateurs. La musique et la vie reviennent, même si c'est dans la douleur, pour montrer qu'elles sont quelque part plus fortes que les balles. Pourtant, rien ne sera plus comme avant.

Des survivants du Bataclan et des proches des victimes ont été conviés pour vivre ce concert hors du commun. C'est Sting qui a l'honneur et la responsabilité de redonner à ce lieu son âme. Il le fait de manière magistrale et on ne peut plus adaptée. Il commence par s'adresser en français aux spectateurs pour leur faire part des deux objectifs de ce concert pas comme les autres : « D'abord se souvenir, honorer ceux qui ont perdu la vie dans l'attaque il y a un an. Ensuite célébrer la vie et la musique que représente cette salle de spectacle historique ». Après une minute de silence, il ajoute : « Nous ne les oublierons pas ». La première chanson qu'il entame alors a pour titre *Fragile*, dont le refrain va ainsi : « Sans relâche, la pluie tombera, comme des larmes d'une étoile, comme des larmes d'une étoile. Sans relâche, la pluie répétera à quel point nous sommes fragiles, à quel point nous sommes fragiles ». Cette fragilité de la vie que Sting met en évidence est une réalité pour tous. C'est ce que la Bible disait déjà en termes imagés : « L'homme, ses jours sont comme l'herbe ; il fleurit comme la fleur des champs : que le vent passe, elle n'est plus, et la place où elle était l'a oubliée » (Psaumes 103.15-16).

Le concert s'achève après de nombreux rappels. Sting qui devait chanter une heure, en fera presque le double. La force du lieu et de l'instant l'ont poussé à répondre positivement aux désirs et aux besoins des spectateurs de prolonger le moment. Après plusieurs rappels, il entonne une dernière chanson : *The empty chair*, « la chaise vide », qu'il dédie à toutes les familles qui ont perdu un être cher. Dans cette chanson, Sting fait résonner ces paroles : « Certains jours je suis fort, d'autres je suis faible et d'autres encore où je suis si détruit que je peux à peine parler ».

Oui, quand la chaise d'un être cher reste désespérément vide, parce qu'il nous a quittés, il est légitime d'être déboussolé, de se sentir fragile, de laisser couler des larmes. Mais il est vital de se souvenir, d'honorer, mais aussi malgré tout, de célébrer la vie. Et dans cette démarche, les lieux sont importants. Lieux symboliques ou lieux réels d'une vie vécue, d'une vie croquée, d'une vie brisée aussi… C'est en revenant ou en repensant aux lieux où des instants ont été partagés que d'une certaine manière les souvenirs restent vivants. Ces lieux sont comme des empreintes qui permettent de garder trace. Le lieu fait lien et il est important que le lien ne meurt pas.

« L'homme, ses jours sont comme l'herbe ou la fleur des champs » disions-nous pour évoquer la fragilité humaine ; « le vent passe, elle n'est plus, et la place où elle était l'a oubliée ». C'est vrai, les lieux de vie en tant que tels vont trop vite oublier ce que les gens y ont été ou ce qu'ils ont fait, mais il en va autrement pour ceux avec qui ces moments ont été partagés. Revenir sur les lieux ou repenser à ces lieux spéciaux : une maison, une plage, une montagne… peut nous aider à nous souvenir, mais aussi à nous redonner l'élan pour vivre pleinement les instants de vie qui nous sont donnés, précisément parce que la vie est fragile.

Une attitude désarmante

23 novembre 2016

« Tu ne tueras point ». Tel est le sixième des célèbres Dix commandements. Un injonction courte, simple, limpide, presque une évidence universelle, tant ce commandement est devenu partie intégrante de la majorité des législations nationales. L'interdiction de tuer se heurte néanmoins au principe de réalité dans bien des situations. Surtout si l'on prend au sérieux la lecture que Jésus fait de ce commandement qui montre que l'on peut tuer non seulement avec des armes, mais aussi avec des mots ou des attitudes (Matthieu 5.21-26).

« Tu ne tueras point », c'est aussi le titre français du dernier film de Mel Gibson, actuellement sur les écrans. Un grand biopic hollywoodien qui retrace une partie de la vie de Desmond Doss. Lors de la Seconde Guerre mondiale, le jeune Américain s'est retrouvé confronté à un dilemme : comme n'importe lequel de ses compatriotes, il voulait servir son pays, mais la violence était incompatible avec ses croyances et ses principes moraux. Il refusait ne serait-ce que de tenir une arme et s'opposait d'autant plus à tuer. Le film retrace donc l'engagement de Desmond Doss dans l'armée, la risée et les humiliations qu'il suscite par son choix de ne pas porter d'arme, puis la célèbre bataille d'Hacksaw Ridge sur l'île japonaise d'Okinawa. Au cours de cet affrontement sanglant, le jeune adventiste Desmond Doss va rester fidèle à ses valeurs et ne pas porter d'arme, mais se consacrer à ramener en base arrière les blessés, malgré le feu des balles. Pour avoir héroïquement sauvé 75 soldats blessés, il sera le premier objecteur de conscience à recevoir la médaille d'honneur, la plus haute distinction de l'armée américaine.

La critique du film est partagée. L'impression du spectateur aussi. D'un côté le courage et la cohérence de cet homme force le respect et l'admiration ; d'un autre côté, le réalisme sanglant de la guerre qui s'étale sans réserve sur l'écran est assez insoutenable. Comme a pu l'écrire une critique, « Mel Gibson bâtit une fable sur le pacifisme sur un monument de violence. Le résultat visionnaire déroute et questionne ». Mais si la violence inouïe du film dérange, cela ne fait-il pas partie du projet de Mel Gibson qui souhaite montrer l'absurdité de la guerre ?

Au final, c'est bien le personnage de Desmond Doss qui impressionne. Comme Mel Gibson a pu le déclarer dans une interview : « C'est une grande et irrésistible histoire au sujet d'un homme dont les convictions et la foi lui ont permis de faire des choses au-delà de sa propre puissance. C'était un homme très humble. Il n'a pas cherché à se valoriser du fait de ses accomplissements, mais il a honoré Dieu. Je suis tellement inspiré par ce personnage. Je pense que tout le monde devrait partager cette histoire ». Certes, la situation dans laquelle s'est trouvé Desmond Doss est extrême et son choix radical, mais sa vie et ce film nous interpellent sur la cohérence que nous avons (ou pas) à vivre nos valeurs. Nos convictions théoriques se heurtent bien souvent à la réalité des situations, nous amenant à faire des compromis. Certes, parfois le compromis est utile et nécessaire et finalement le meilleur choix ; cependant, pour ce qui compte vraiment, n'est-il pas légitime d'oser tenir bon ?

L'attitude désarmante (dans tous les sens du terme) de Desmond Doss rappelle l'attitude de Jésus. Il renonce à tout usage de la violence et cherche à renverser les situations avec la puissance prioritaire de l'amour. Un amour souvent désarmant, parfois tellement fort qu'il en devient presque violent. Là est bien la seule violence que Jésus s'autorise ! L'attitude de Jésus comme celle de Desmond Doss sont une invitation à la cohérence et à la fidélité à nos valeurs. Cela me rappelle cette belle citation : « Ce dont le monde a le plus besoin, c'est d'hommes, non pas des hommes qu'on achète et qui se vendent, mais d'hommes profondément loyaux et intègres, des hommes qui ne craignent pas d'appeler le péché par son nom, des hommes dont la conscience soit aussi fidèle à son devoir que la boussole l'est au pôle, des hommes qui défendraient la justice et la vérité même si l'univers s'écroulait » (Ellen White, *Éducation*. Dammarie-lès-Lys, Vie et Santé, 1986, p. 67-68).

Entrer dans l'espérance

30 novembre 2016

L e temps de l'Avent vient de commencer. Dans la tradition chrétienne, il s'agit de la période de quatre semaines qui précède Noël. Les enfants sont en général assez au fait de ces choses car les calendriers de l'Avent leur apportent chaque jour une friandise et leur permettent de se projeter vers le grand jour de Noël qu'ils associent aux cadeaux qu'ils vont recevoir. A leur manière, ils vivent deux des dimensions clés de l'espérance : l'espérance dans sa réalité présente et l'espérance dans son orientation vers l'avenir.

Le mot « Avent » vient du latin *adventus* qui évoque l'attente, l'avènement. Cela fait bien évidemment référence à la naissance de Jésus annoncée par les prophètes de l'Ancien Testament, attendue et espérée par de nombreux croyants. Aujourd'hui, on parle d'Avent parce que l'on se réjouit à l'avance de la célébration de Noël. Mais en fait, cette notion d'Avent célèbre le triple avènement du Christ : sa naissance à Bethléhem il y a quelque deux mille ans, sa venue dans le cœur des hommes de tout temps et sa venue en gloire à la fin des temps. Passé, présent, avenir... trois temps de l'espérance chrétienne. Jésus suscite l'espérance en ce que sa venue historique a ouvert la voie à sa présence spirituelle, qui elle-même nourrit l'attente d'un monde nouveau. Pour les chrétiens, le temps de l'Avent est un temps de conversion, d'attente et d'espérance.

Il est vrai que l'espérance liée à Noël est, dans notre société, bien souvent marquée extérieurement par le matérialisme : manger et posséder. On peut le regretter, même si d'une certaine manière se faire des petits plaisirs, pour soi ou pour les autres, peut aider à oublier un quotidien morose ou monotone. Il n'empêche que d'une manière ou d'une autre nos vies sont remplies d'une espérance plus fondamentale. Chacun souhaite une vie meilleure pour aujourd'hui et pour demain et cela passe surtout par des relations épanouies, un sens à la vie. C'est précisément parce que nous espérons que nous avançons dans la vie.

Il est des temps de la vie politique qui focalisent sur l'espérance. La proximité d'une élection présidentielle est de ces moments. En France, la campagne bat son plein. La séquence des primaires de la droite vient de s'achever et celle de la gauche ne fait que commencer, avec des perspectives pour l'instant assez inextricables. L'intérêt et la passion que ces élections suscitent témoignent d'une véritable attente après un quinquennat dont les enquêtes d'opinion montrent qu'il laisse les Français sur leur faim.

Or chose relativement étonnante pour l'instant dans cette campagne qui débute, une fois n'est pas coutume, on n'assiste pas à une ribambelle de promesses. Les temps ont-ils changé ? On ne vendrait plus du rêve, mais du réalisme. La surprenante victoire de François Fillon lors des primaires des Républicains témoigne qu'une frange de la population semble en avoir assez du toujours plus, des promesses idéalistes mais le plus souvent non tenues. Alors qu'habituellement le meilleur moyen d'être élu est de faire rêver, le programme de François Fillon est plus marqué par l'exigence que l'utopie. Et c'est bien là-dessus qu'il a été critiqué en fin de campagne dans son propre camp et maintenant bien au-delà. Et pourtant, il a gagné. Au-delà des opinions politiques de chacun et de ce que les uns et les autres peuvent penser de la crédibilité de l'homme Fillon et de son programme, je m'interroge sur ce que cela signifie en lien avec l'espérance.

L'espérance, dont la Bible nous dit qu'elle est « une ancre solide et ferme pour l'âme » (Hébreux 6.19), contribue à donner du sens à nos vies. L'attente d'un monde meilleur, d'une situation meilleure, de relations meilleures... peut nous faire espérer, mais surtout peut et doit nous engager à organiser nos vies et faire des choix existentiels aujourd'hui pour que demain nous apporte ce qui compte vraiment. Dans ce temps de l'Avent, la naissance de Jésus dans une étable à Bethléhem, loin du faste imaginé pour le Messie, doit nous rappeler que l'espérance ne se traduit pas toujours par un grandiose extériorisé, mais que la beauté et la grandeur des choses se situent bien souvent dans l'authenticité et la simplicité.

Ne pas manquer d'air

7 décembre 2016

Un pic de pollution sévit actuellement dans de nombreuses grandes villes européennes, notamment à Paris, à cause d'un anticyclone qui nous apporte du beau temps, mais qui par là-même favorise l'accumulation des polluants près du sol. En effet, l'inversion hivernale des températures matin et soir rend l'air à proximité du sol plus froid que celui de l'atmosphère et génère un effet « couvercle » qui empêche les polluants de se disperser.

A Paris et dans sa proche banlieue, le trafic routier est à l'origine de 28 % des émissions de particules fines et de plus de 50 % des rejets d'oxydes d'azote. Limiter la circulation peut donc avoir un effet non négligeable sur le phénomène qui n'est pas anodin puisque la pollution de l'air provoque chaque année 6 500 décès prématurés dans l'agglomération parisienne. Pourtant cette mesure est discutée et trop peu suivie. La journée de circulation alternée de mardi 6 décembre a eu un impact très faible sur la pollution car la consigne a été trop peu suivie par les automobilistes. Le trafic a été réduit de seulement 5 à 10 % par rapport à une journée habituelle. En 2014, lors d'une précédente journée de circulation alternée, il avait été réduit de près de 20 %, permettant un recul de la pollution de 6 à 10 % en moyenne selon les polluants, et jusqu'à 20 % en heures de pointe. On peut comprendre que cette mesure génère non seulement un désagrément mais aussi des complications parfois difficiles à résoudre pour certains. Mais cela illustre le fait qu'en théorie de plus en plus de gens sont sensibles à la question du changement climatique et à l'importance des enjeux écologiques, mais que la pratique ne suit pas vraiment, ou en tout cas pas assez.

C'est vrai, on se dit que l'empreinte écologique de nos modes de fonctionnement actuels n'a pas de conséquences dramatiques pour aujourd'hui mais sera grave seulement pour les générations à venir. Or s'il est vrai que nos modes de vie actuels auront un impact non réversible dans un avenir assez lointain, cela a aussi des effets tout à fait réels aujourd'hui. Ce pic de pollution en est un épiphénomène. Et on pourrait multiplier les exemples… Ainsi, cette semaine vient de sortir un rapport des chercheurs de l'Institut de recherche pour le développement et de l'Université de Bournemouth qui montre que la déforestation n'est pas seulement une menace pour la biodiversité mais qu'elle affecte notre santé dès à présent, puisque cela a induit 200 nouvelles pathologies infectieuses.

La COP 22 de Marrakech s'est achevée il y a quelques semaines, avec beaucoup moins d'emphase que la précédente à Paris, d'abord parce que l'élection du climato-sceptique Donald Trump a monopolisé tout l'espace médiatique, mais aussi parce que le sujet des discussions était plus technique, après l'accord historique de l'an dernier. En fait, il s'agit maintenant de discuter des modalités de mise en œuvre de l'accord de Paris qui a été ratifié et est entré en vigueur plus vite que prévu. Cela n'empêche qu'il demeure un décalage entre les intentions et la réalité. Par exemple les promesses de financement des pays riches, pollueurs historiques, pour soutenir l'adaptation vitale des pays pauvres afin de respecter les engagements climatiques sont loin d'être respectées.

Au final, que ce soit au niveau des États, au niveau d'une ville ou à un niveau personnel, il est essentiel que chacun joue son rôle et n'en reste pas aux actions ponctuelles, encore moins aux intentions sans passage à l'acte. Ce sont les petites rivières qui font les grands fleuves, et même si l'on se dit que les petits choix que nous faisons, les petites actions que nous mettons en place, les bonnes habitudes que nous prenons… servent à peu de choses, elles participent à un tout dans les faits et contribuent à l'évolution des mentalités. La Bible encourage les humains à se comporter comme jardiniers de Dieu, à « cultiver et garder » cette terre qui est un précieux cadeau (Genèse 2.15). Elle nous invite par ailleurs à « ne pas regarder à soi seulement, mais aussi aux autres » (Philippiens 2.4). Nous ne pouvons plus seulement critiquer le système, râler après les politiques, il s'agit pour chacun de prendre ses responsabilités ; de faire des choix et des gestes altruistes et respectueux de l'environnement, même s'ils nous obligent à quelques efforts et à un peu moins de confort ! Cela nous permettra de ne pas manquer d'air (de bon air).

Libérer les captifs ?

14 décembre 2016

À quoi sert la prison ? Une question simple à la réponse plus complexe qu'il n'y paraît. L'actualité nous pousse d'ailleurs à nous interroger. Ces derniers jours, deux situations contradictoires ont pu susciter un sentiment d'inégalité, pour ne pas dire d'injustice. D'un côté, Jérôme Cahuzac dort encore (plus ou moins) tranquillement chez lui alors que Jacqueline Sauvage, elle, n'a toujours pas quitté sa prison. Sans entrer dans les méandres du droit et des procédures, et sans nier les faits, *a priori* on préférerait le contraire !

Le procès de l'ancien Ministre du budget, Jérôme Cahuzac, a rendu son verdict jeudi 8 décembre : trois ans de prison ferme et cinq ans d'inéligibilité. Le tribunal a décrit une « faute pénale d'une exceptionnelle gravité », de la part d'un homme qui « incarnait la politique fiscale de la France ». Comme Jérôme Cahuzac fait appel et que le verdict n'est pas associé à un mandat d'amener, il reste libre. Dormira-t-il un jour en prison ? Jean Veil, son avocat, plaide pour des sanctions alternatives à la prison. Il a même osé un argument surprenant : En condamnant à la prison, « le contribuable est sanctionné lui aussi puisque c'est lui qui paye les gardiens de prison ». Avec cet argument, on ne mettrait plus grand monde en prison. S'il est vrai que mettre des gens en prison coûte cher à la société, il ne s'agit pas de ne regarder que l'impact financier, mais bien d'abord la protection et la sécurité, dans de nombreux cas, mais aussi une certaine logique où l'isolement aurait des vertus transformatrices et pédagogiques.

C'est précisément ce qui amène le questionnement sur l'utilité du maintien de Jacqueline Sauvage en prison. Cette femme qui est d'abord une victime, battue pendant des décennies, a commis l'irréparable vis-à-vis de son mari violent dans une situation qui, à l'instant *t*, n'a pas été considérée par la justice comme de la légitime défense. Condamnée à dix ans de prison, elle a bénéficié, suite à la pression populaire, d'une grâce partielle du Président de la République lui permettant de présenter une demande de libération conditionnelle. Or la démarche, entamée à deux reprises, n'a pas abouti. Dans le premier cas, le Tribunal d'application des peines de Melun avait reproché à Jacqueline Sauvage « de ne pas assez s'interroger sur son acte » et avait affirmé que son entourage ou la médiatisation de l'affaire risquait de la maintenir dans « une position victimaire ». Quant à la Cour d'appel de Paris, elle a estimé le 24 novembre dernier que la réflexion de Jacqueline Sauvage demeurait « pauvre et limitée puisqu'elle peine encore à accéder à un authentique sentiment de culpabilité ». Les filles de Jacqueline Sauvage viennent de déposer une demande de grâce totale, que le Président n'a pas accordée mais qu'il a transmise pour avis à la Chancellerie. Si rien n'advient avant, Jacqueline Sauvage aura purgé sa peine au printemps 2018.

Finalement, dans l'un comme dans l'autre cas, et dans bien des situations, cela interroge sur l'utilité de la prison. Emprisonner les gens pendant de longues années est une pratique assez récente au regard de l'histoire. Elle est certes une alternative heureuse à la peine de mort, mais n'en reste pas moins problématique dans bien des cas. Deux visions coexistent concernant la prison. Pour certains, dans une perspective philanthropique et optimiste, la prison est un lieu de rédemption et de réforme du condamné ; un courant plus pessimiste ou réaliste considère la prison comme un lieu de pénitence qui permet au prisonnier de purger sa dette à l'égard de la société. C'est vrai qu'il est difficile de conjuguer l'application des lois qui devraient s'imposer à tous de manière équitable et la prise en compte des situations particulières.

En tous cas, dans la Bible, Dieu se veut proche des captifs et des enfermés. Jésus affirme même qu'il est venu « libérer les captifs ». Il s'agit bien sûr d'abord d'une délivrance spirituelle face à une captivité existentielle, mais la dynamique de la grâce a vocation à se vivre à tous les niveaux. Ne vaut-il pas mieux se tromper par excès de bonté que par excès de sévérité ? Sans nier que la prison puisse être un passage obligé, ou en tous cas utile dans certaines situations, finalement, je ne suis pas sûr que dans les deux cas évoqués de Jacqueline Sauvage et Jérôme Cahuzac, ce soit une solution adaptée et constructive. Dans la perspective divine, la culpabilité est un passage nécessaire, mais dans lequel on n'enferme pas les gens, au contraire. D'où l'utilité et la beauté de la grâce...

L'extra dans l'ordinaire

21 décembre 2016

Les vrais héros ne sont pas toujours ceux que l'on croit. Dans bien des situations de la vie, c'est dans des circonstances anodines, simples, ordinaires, que surgit et se manifeste l'exceptionnel, la bravoure, l'extraordinaire. Les héros sont bien souvent plus discrets qu'on ne le pense…

Alors que Noël bat son plein, le marché de Noël de Berlin a été le lieu d'un ignoble attentat. Un de plus, un de trop. On ne saurait condamner avec assez de force l'acte en soi d'abord, mais aussi les récupérations qui en sont faites. Au-delà de tout ce qui pourrait se dire ou s'analyser autour de ce drame, j'ai envie de retenir un élément, certes hypothétique mais tout de même probable : il s'agit de l'attitude du chauffeur polonais, Lukasz Robert, le conducteur habituel du camion. Il semble qu'il soit arrivé avec son 38 tonnes chargé de produits métallurgiques chez le client qu'il devait livrer à Berlin un peu avant 15h, mais celui-ci ne pouvant le recevoir que le lendemain, le chauffeur polonais s'est garé devant l'entrepôt et s'apprêtait à passer la nuit à Berlin. Il a eu sa femme au téléphone à ce moment-là et devait la rappeler une heure plus tard, donc vers 16h, ce qu'il n'a jamais fait et n'a plus répondu ensuite. Or le GPS du camion a indiqué que celui-ci avait été redémarré vers 15h45, mais sans vraiment bouger, juste pour faire quelques mètres en avant puis en arrière, comme si quelqu'un s'essayait à le démarrer et à le faire rouler. La suite reste à vérifier, mais le terroriste aurait donc pris possession du camion et fait de Lukasz Robert son otage. Le chauffeur polonais de 37 ans était donc dans la cabine au moment du drame et lorsqu'il a compris ce que le voleur du camion preneur d'otage faisait, il s'est interposé, tentant de l'empêcher d'aller plus avant. Des traces de coups témoignent d'un affrontement violent qui s'est achevé par plusieurs coups de poignard et un coup de feu fatal pour celui qui a probablement sauvé bien des vies et limité l'impact du camion fou par son attitude plus que courageuse. Il ne faut souhaiter à personne de se retrouver dans une telle situation, et au final le résultat demeure dramatique, mais quel exemple d'abnégation et de responsabilité, de sacrifice et d'altruisme !

Une autre situation, certes très différente et beaucoup plus joyeuse, manifeste malgré tout quelques similitudes. Il s'agit du départ à la retraite d'Alain Donnat, professeur d'éducation physique et sportive dans le collège Pau-Fort à Is-sur-Tille en Côte-d'Or. Après 38 ans de bons et loyaux services et après avoir contribué à l'éducation de plus de 10 000 collégiens, c'est pour Alain Donnat le temps de la retraite ! Or ce vendredi 16 décembre, alors qu'il s'apprête à quitter discrètement le collège après sa dernière heure de cours, quelle n'est pas sa surprise de voir une immense haie d'honneur constituée des 700 élèves du collège et de l'ensemble des profs qui viennent honorer une vie au service de valeurs qu'il a su patiemment transmettre dans ses cours. Le moment a été immortalisé en vidéo et posté sur Facebook par sa femme et depuis connaît un buzz étonnant. Il est vrai que c'est un moment de grâce qui donne les larmes aux yeux. On imagine bien les sentiments de ce professeur : acclamé dans les derniers instants de sa carrière, c'est tout sauf une apothéose, car c'est seulement une juste reconnaissance de jours et de jours ordinaires où il a probablement souvent lutté pour assumer au mieux son rôle d'éducateur. Mais au final, la somme de ces jours ordinaires a généré un impact extraordinaire sur de nombreux élèves.

Finalement, ces deux situations sont proches de l'esprit de Noël. Non pas le Noël fastueux des lumières et des bons repas, mais le Noël original, celui de la naissance de Jésus à Bethléhem, dans une simple étable avec pour premier couffin une mangeoire. Celui qui allait devenir — qui était déjà — un être extraordinaire, a commencé et vécu sa vie de la plus humble et de la plus simple des manières. Le summum de la vie de Jésus, sa mort sur la croix, est l'expression de ce renversement des valeurs. Jésus a dit un jour : « Il n'y a pas de plus grand amour que de donner sa vie pour ceux qu'on aime ». Ce n'était pas que des mots. Il l'a incarné au cours de toute son existence. A leur manière Lucasz Robert, Alain Donnat et bien d'autres l'ont démontré ou le vivent… Et si c'était le plus beau que nous puissions offrir en cette période de fêtes : vivre notre vie comme un cadeau pour ceux qui nous entourent. Joyeux Noël !

Expérience optimale
28 décembre 2016

« Tous mes vœux de bonheur ! » Une formule assez attendue à l'occasion du Nouvel an. C'est ce que je vous souhaite pour 2017 et que j'imagine beaucoup vont se souhaiter les uns aux autres… Mais souhaiter le bonheur, qu'est-ce que cela signifie ? Il y certes quelques fondamentaux qui sont indispensables au bonheur : une bonne santé, un toit, de quoi manger… C'est vrai que cela ne va pas de soi pour tous, alors j'espère que pour le plus grand nombre cela sera le cas en 2017. Plus subtil, pour tendre au bonheur il importe de vivre en paix, en sécurité, dans la sérénité. Or faire advenir la paix, qu'elle soit extérieure ou intérieure, est souvent plus complexe qu'on le voudrait. Sur le chemin du bonheur, il y a aussi bien sûr l'affection d'autrui et une forme de reconnaissance. En fait on retrouve ce que le psychologue Abraham Maslow a mis en évidence avec sa pyramide des besoins. D'après lui, et de manière universelle, chacun cherche à satisfaire de manière progressive cinq types de besoins : les besoins physiologiques, les besoins de sécurité, les besoins d'appartenance et d'amour, les besoins d'estime et le besoin d'accomplissement de soi.

Le bonheur, auquel chacun peut aspirer pour 2017, dépend certes d'un certain nombre de facteurs extérieurs, mais pas uniquement. Du reste, la réalité du bonheur ne correspond pas toujours à l'idée que l'on s'en fait. En effet, on peut facilement s'imaginer le bonheur en terme de *farniente*, où l'on profite juste de la vie. Certes, de tels moments sont très positifs et agréables, mais au final passer sa vie sur une plage ensoleillée à ne rien faire, ou dans son canapé à regarder des vidéos, devient plus ou moins rapidement vide de sens. C'est ce qu'a très bien montré Mihaly Csikszentmihalyi dans son livre *Vivre. La psychologie du bonheur*. Il a en fait étudié pendant des années ce qui procurait du bonheur aux gens, or il est arrivé à une conclusion essentielle : c'est en s'impliquant pleinement dans chaque instant que l'on accède à l'harmonie et à la joie. Il développe la notion d'« expérience optimale », qui induit que l'on soit pleinement engagé dans un projet ou dans ce que l'on vit pour y trouver du bonheur. Le bonheur ne serait donc pas l'absence d'efforts ou de difficultés, au contraire même. Une expérience optimale c'est ce que vit le navigateur quand le vent fouette son visage ; c'est ce que ressent le violoniste quand il interprète parfaitement un morceau qui lui a demandé un temps inouï de travail ; c'est ce qu'expérimente le marathonien qui achève sa course après des mois d'un entraînement difficile. « Pareilles expériences intenses ne surviennent pas seulement lorsque les conditions externes sont favorables ». Pour Csikszentmihalyi, « ces grands moments de la vie surviennent quand le corps ou l'esprit sont utilisés jusqu'à leurs limites dans un effort volontaire en vue de réaliser quelque chose de difficile et d'important. L'expérience optimale est donc quelque chose que l'on peut provoquer ».

L'actualité du moment nous donne quelques exemples d'expériences optimales. J'en citerai trois, vécues respectivement sur la mer, sur la terre et dans les airs. Je pense à ces marins du Vendée Globe, qui font le tour du monde en solitaire sur leurs bateaux. Ils ont dû s'y préparer pendant des années et maintenant ils doivent affronter les éléments parfois déchaînés, et pourtant nul doute qu'ils y trouvent un bonheur intense et que cette expérience restera gravée positivement à jamais dans leurs esprits. Je pense aussi à Mike Horn, adepte de défis un peu fous. Après avoir descendu les 6700 km du fleuve Amazone en hydrospeed sans assistance en 1997, puis fait le tour du monde en suivant les 40 000 kms de l'équateur en 1999 dans un projet appelé « Latitude zéro », puis bien d'autres exploits, il est actuellement engagé dans l'aventure « *Pole to pole* ». Faire le tour du monde par les pôles ne doit pas être facile tous les jours, mais cela lui procure indéniablement de la satisfaction. Je pense encore à Thomas Pesquet qui a su avec passion et motivation construire une carrière qui lui permet aujourd'hui de vivre son rêve d'astronaute : depuis novembre 2016 il a rejoint pour six mois la Station spatiale internationale et à n'en pas douter vit chaque instant de cette mission avec intensité.

Certes, ce sont là des exemples hors du commun. Mais comme le dit Csikszentmihalyi : « Il y a des milliers de possibilités ou de défis susceptibles de favoriser le développement de soi par l'expérience optimale. [...] Chacun est l'artisan de son bonheur ». Dans le Psaume 23, le roi David, qui pourtant n'a pas vécu que des choses faciles, conclut : « Oui, bonheur et fidélité me poursuivent tous les jours de ma vie ». Comme lui, que chacun puisse au cours de cette nouvelle année vivre avec intensité chaque moment, être poursuivi par le bonheur, mais aussi et surtout avoir conscience que le bonheur se trouve le long du chemin en vivant pleinement chaque instant que la vie nous offre !

Oser la défaite

4 janvier 2017

Sur le chemin vers l'élection présidentielle de mai 2017 en France, la séquence actuelle se concentre sur la Primaire de la gauche. Elle semble à ce stade susciter moins d'intérêt que celle de la droite et du centre, en tous cas dans l'opinion publique, car au niveau des candidats, on retrouve sept postulants. On peut s'interroger pourquoi autant d'ardeur est déployée par autant d'aspirants alors qu'objectivement, la défaite semble assurée. Certes, Manuel Valls, dans son discours d'entrée en campagne, a bien affirmé que rien n'était joué, et il a raison. Lors d'une élection, rien n'est écrit d'avance, les votants ont toute liberté et les pronostics d'un jour, aussi affirmatifs soient-ils, ne font pas le résultat final. Le dernier exemple en date étant celui de la Primaire de la droite et du centre où le sort de François Fillon semblait scellé négativement depuis longtemps par beaucoup alors que c'est finalement lui qui l'a emporté. On se souvient aussi de la victoire assez imprévue de Jacques Chirac en 1995 et on pourrait multiplier les exemples. Ceci étant, après un quinquennat compliqué qui a suscité une opinion publique assez tranchée négativement vis-à-vis de ceux qui ont gouverné ces dernières années, quelles sont les chances réelles de celui qui sera désigné ? Si l'on ajoute à cela une dispersion des candidatures à gauche, avec la concurrence notamment de Jean-Luc Mélenchon et d'Emmanuel Macron, il y a de quoi s'interroger : le vainqueur de cette Primaire réussira-t-il ne serait-ce qu'à passer le premier tour de l'élection présidentielle ?

Pourquoi concourir s'il l'on est quasiment sûr de la défaite ? Cette question-là me semble fort intéressante. En fait, c'est une question qui se pose à nous dans de nombreuses situations. Entre volontarisme béat et engagement obstiné, entre idéalisme lucide et réalisme pragmatique, la marge n'est pas toujours très grande. Il faut beaucoup de discernement pour connaître les combats qu'il vaut la peine de mener, et surtout savoir pourquoi ils en valent la peine. En tous cas, la probabilité de la défaite ne devrait être en aucun cas le gage du renoncement.

En effet, une apparente défaite n'en est pas toujours une. D'abord parce qu'on apprend beaucoup de ses échecs. Ensuite parce que les choses sont rarement aussi tranchées que la victoire ou la défaite. Le marathonien qui finit dernier de sa course n'aura certes pas gagné mais ce sera peut-être une victoire pour lui que de passer la ligne d'arrivée. Le malade qui finit par y laisser sa vie n'aura peut-être pas vaincu la maladie mais aura peut-être laissé un magnifique témoignage de dignité et de courage face à la souffrance. L'entrepreneur qui a créé sa start-up n'a peut-être pas réussi à faire des bénéfices ou même à faire perdurer son entreprise, mais il aura acquis de l'expérience, proposé du travail à des collaborateurs et apporté une contribution à la société. La femme ou l'homme politique qui se présente à une élection ne sera peut-être pas élu(e) mais aura fait valoir ses idées, contribué au débat et peut-être infléchi la politique qui sera mise en œuvre.

Le vainqueur de la Primaire de la gauche gagnera-t-il l'élection présidentielle ? Je n'en sais rien. J'imagine que non. Mais les sept candidats ont raison de se présenter si c'est pour faire valoir leurs convictions. C'est Samuel Becket qui a écrit : « Essayer encore, rater encore, rater mieux ». Peu importe que l'on aille probablement vers une défaite, la question est de savoir pourquoi l'on fait les choses. Si c'est juste pour se mettre en avant, ou si cela ne sert à rien, c'est probablement de peu d'intérêt. A ce titre, François Hollande a probablement eu raison de renoncer à se représenter. Face à la défaite quasi-assurée, pour le coup, cela n'aurait pas servi à grand-chose. Le renoncement fut ici de l'ordre de la sagesse, qui lui vaut d'ailleurs une éclaircie dans les sondages d'opinion. Mais dans bien des cas, il vaut la peine d'essayer, de risquer l'échec, d'oser malgré l'adversité ou la difficulté. D'ailleurs, probablement que le plus grand exemple en la matière n'est autre que celui de Jésus, dont la défaite la plus radicale, la mort sur la croix, fut en fait sa victoire. Lui qui a accepté de s'abaisser, d'être humilié a en fait gagné parce qu'il savait pourquoi il faisait cela. Et cet amour pour l'humanité qu'il a démontré jusqu'au don de sa propre vie, est la preuve qu'il ne faut pas avoir peur de la défaite, pourvu que nos engagements aient du sens !

L'être et le dire

11 janvier 2017

Le 3 janvier, au journal télévisé de TF1, François Fillon affirmait : « Je suis gaulliste et de surcroît je suis chrétien », ce qui justifiait son affirmation qu'il ne prendrait « jamais une décision qui sera contraire au respect de la dignité humaine, de la personne, de la solidarité ». L'affirmation de sa religion a généré des réactions en chaîne, souvent très virulentes. Henri Guaino a parlé d'« une erreur, voire une faute » ; François Bayrou d'« une dérive ». Certains ont critiqué l'incohérence entre le fait d'être gaulliste et chrétien. C'est oublier un peu vite que Charles de Gaulle ne reniait en rien sa foi. Ainsi par exemple, il déclarait en 1941 : « Je suis un Français libre. Je crois en Dieu et en ma patrie. Je ne suis l'homme de personne ».

Dans une interview au journal *Le Parisien*, Manuel Valls se joint au concert de critiques en reprochant à François Fillon son « projet catholique » qui tendrait à « favoriser les communautarismes ». Le candidat socialiste est évidemment libre de son jugement sur le programme du candidat des Républicains, mais le considérer comme un « projet catholique » n'est en tous cas pas ce qu'a dit François Fillon. Il y a en effet deux différences notables qui font que l'avis de Valls devient une caricature. Tout d'abord, Fillon ne s'est pas défini comme « catholique », mais comme « chrétien », même si par ailleurs il ne cache pas sa foi catholique. Mais en privilégiant le terme général, non seulement il ne cherche pas à en faire une querelle de clochers, mais qui plus est, cela fait référence non seulement à sa foi mais aussi à la civilisation chrétienne qui marque indéniablement les racines de la France et de l'Europe. Deuxième différence significative : François Fillon n'a pas affirmé que c'était son projet qui était catholique (ou chrétien), mais lui en tant que personne. Et je pense qu'il vaut la peine de s'intéresser à ce point.

En effet, au moment de voter lors d'une élection comme la présidentielle, quels sont les critères qui font que l'on se décide pour tel ou tel candidat. Ses idées et son projet politique, bien sûr, mais pas seulement. Comme l'exprime la phrase attribuée au Général de Gaulle, « l'élection présidentielle est la rencontre d'un homme et d'un peuple ». Or l'appréciation d'un homme (ou d'une femme) par le peuple ne se fait pas uniquement sur la base des discours ou des promesses, mais aussi de ce qui se dégage du prétendant à la fonction suprême, de sa personnalité, de son histoire, de sa manière d'être.

A ce propos, on peut revenir sur la polémique qui rebondit régulièrement depuis quelques mois autour de l'émission animée par Karine Le Marchand, *Une ambition intime*, qui cherche à dresser un portrait très personnel des candidats. Le week-end dernier, Mazarine Pingeot a fait connaître sa réserve concernant cette émission par des propos intéressants. Elle a déclaré : « Je ne regarde pas l'émission et je n'ai pas très envie de la regarder. Moi, ce qui m'étonne, c'est la promotion de l'intime et du psychologique chez un homme politique au détriment du discours. C'est très étonnant, mais en même temps ça va dans l'air du temps et la dérive de la société ». La polémique suit son cours avec notamment une réponse de Karine Le Marchand qui rebondit sur ce rejet de l'intime par Mazarine Pingeot alors que viennent de paraître les lettres de François Mitterrand à Anne Pingeot, la mère de Mazarine. Pour le coup, une vraie plongée dans ce qu'il y a de plus personnel…

Pour tout dire, je pense qu'il n'y a pas que du faux dans l'affirmation de Mazarine Pingeot et l'exposition exacerbée de l'intime est probablement une dérive de notre société, surtout que parfois ce que l'on laisse voir ou entendre n'est pas gage de vérité ni d'authenticité. Cependant, ne se fier qu'au discours des politiques a fait long feu. De promesses en baratins, la confiance qu'ils suscitent ne cesse de flancher. Cela ne veut pas dire que le discours ne doit plus compter, au contraire, mais peut-être n'est-il pas inutile d'essayer de discerner ce qu'il en est de la personne derrière les mots. N'est-ce pas grâce à la cohérence entre l'être, le faire et le dire d'une personnalité politique que l'on serait le mieux à même de juger si nous voulons lui apporter notre vote ? Dans la Bible, on trouve cette phrase : « L'homme voit ce qui frappe aux yeux mais l'Eternel regarde au cœur » (1 Samuel 16.7). Et si l'on essayait d'aller dans le sens de ce que cette phrase suggère : dépasser les apparences et donc aller au-delà des mots pour essayer de discerner qui est vraiment celui qui les dit ?

Des remords ou des regrets

18 janvier 2017

Donald Trump est un habitué des formules choc ; il est une vraie machine à polémiques. Depuis son élection il a parfois modéré certains propos de campagne, mais à l'heure de son investiture, beaucoup sont inquiets de ses avis souvent improvisés, parfois à l'emporte-pièce. L'éléphant Trump n'a cure de la porcelaine. La provocation est son fonds de commerce. Il l'a une nouvelle fois montré dans un entretien à deux journaux européens, l'allemand *Bild* et le britannique *The Times* cinq jours avant son entrée en fonction. Cette fois, Donald Trump s'en prend entre autres à Angela Merkel qu'il critique ouvertement pour sa politique d'accueil des réfugiés syriens. Bien qu'il affirme tout le respect qu'il a pour la chancelière allemande, il considère qu'elle a fait « une erreur catastrophique » en accueillant tous les migrants. Les réactions ont été diverses. Angela Merkel n'a pas répondu de front mais continue vaille que vaille son chemin. Plusieurs ont laissé entendre que le Président américain n'avait pas à donner de leçons aux Européens. Loin de faire l'unanimité chez lui, certains de ses compatriotes ont dénoncé sa prise de position. Ainsi, le secrétaire d'Etat américain, John Kerry, a déclaré sur CNN : « Je pense très franchement qu'il était déplacé pour le Président élu des Etats-Unis de s'immiscer dans les affaires d'autres pays de manière aussi directe », reconnaissant par ailleurs le « courage » d'Angela Merkel dans sa gestion de la crise migratoire. Ceci étant, Donald Trump n'est pas le premier à critiquer la politique migratoire allemande. Les dernières élections régionales en Allemagne ont mis en évidence la montée des nationalistes, opposés à cette trop grande bienveillance vis-à-vis des réfugiés politiques. Même en France, partenaire historique de l'Allemagne en Europe, la critique n'est pas absente de la bouche des leaders. De manière certes moins tonitruante que Donald Trump, Manuel Valls en visite en Allemagne il y a quelques mois avait critiqué lui aussi la politique d'ouverture aux migrants d'Angela Merkel, souhaitant ce qu'il appelait la « fermeté », que l'on pouvait traduire par la fermeture…

Il est facile de critiquer, moins facile d'assumer et de chercher à régler les problèmes quand ils se présentent. Parce que des solutions alternatives crédibles à la crise migratoire, il n'y en a pas dans la bouche de ceux qui critiquent. Les faits sont là, heureusement que l'Allemagne a accepté d'accueillir près d'un million de migrants. A l'automne, des statistiques avaient été faites comparant le nombre de réfugiés accueillis par rapport à la population. L'Allemagne avait accueilli 74 réfugiés pour 10 000 habitants, la France 1,5 pour 10 000 habitants, les Etats-Unis 0,38 ! Largement moins bien que le Canada avec 8 pour 10 000. En fait, mieux encore que l'Allemagne, la Turquie et surtout le Liban sont en tête des pays accueillants.

Pour en revenir à la critique de Donald Trump sur l'Allemagne, en dehors du fait que l'on pourrait penser qu'il ferait mieux de regarder la poutre qu'il a dans son œil plutôt que la paille qu'il discerne chez son partenaire allemand, que penser de tout cela ? Certes, l'avenir le dira, et en son temps on fera le bilan du mandat de Trump, mais force est de reconnaître que l'Allemagne fait montre d'une capacité formidable à accueillir et intégrer ces réfugiés. Elle sait y mettre les moyens, financiers, humains, éducatifs... Du reste, même si évidemment cela suscite des controverses et amène des problèmes ici ou là, c'est une politique loin d'être irresponsable dans un pays où la natalité est basse et où la main d'œuvre manque.

Finalement, j'ai envie de me projeter dans l'avenir et sur le regard que l'on aura sur tout cela dans quelques années. On dit qu'il vaut mieux avoir des remords que des regrets. En d'autres termes, il vaut mieux avoir fait quelque chose, osé s'être engagé quitte à en assumer des conséquences pas seulement heureuses, plutôt que de n'avoir rien fait et le regretter. Je me demande si Donald Trump, sur cette question, ne sera pas dans le camp de ceux qui auront des regrets, alors que si Angela Merkel aura peut-être quelques remords, elle aura en tous cas le sentiment du devoir accompli. Comme la Bible le dit : « Quoi que vous fassiez, faites-le de toute votre âme, comme pour le Seigneur, et non pour des hommes, sachant que vous recevrez du Seigneur l'héritage en récompense » (Colossiens 3.23-25).

Le revenu universel : utile ou futile ?

25 janvier 2017

« Le revenu universel que je défends, c'est une grande innovation sociale : garantir un revenu à tous et à tout moment ». Ce tweet n'est pas de Benoit Hamon, comme on aurait pu le penser, mais a été signé par Manuel Valls le 26 octobre 2016. Alors que Benoit Hamon est aujourd'hui acquis à cette idée d'un revenu universel, Manuel Valls est devenu son challenger dans la Primaire de la gauche et a manifestement changé d'avis puisque ce 24 janvier 2017, à peine trois mois plus tard, il tweete : « Je ne crois pas au revenu universel. Je suis pour une société du travail ». Toujours est-il que ce revenu universel est au cœur des débats de la Primaire de la gauche en vue de l'élection présidentielle. Le fait que Benoit Hamon, son défenseur dans la campagne, soit arrivé en tête du premier tour est significatif. Si l'actualité braque donc les projecteurs sur cette mesure phare du programme de Benoit Hamon, la proposition n'est en fait ni nouvelle, ni spécifiquement française, ni même l'apanage de la gauche. Des gens comme Voltaire, Thomas Moore, John Stuart Mill, Condorcet, Bertrand Russel ou Thomas Paine en ont été des précurseurs. Son nom varie mais décrit une réalité plus ou moins similaire. Qu'on l'appelle « revenu de base », « revenu inconditionnel », « dotation d'autonomie » « revenu d'existence », « revenu social », « allocation universelle », « revenu de vie », « revenu citoyen », « dividende universel », etc., l'idée est de redistribuer un revenu socle de subsistance, c'est-à-dire de procurer à tout citoyen un revenu qui lui permette de faire face aux besoins élémentaires d'une vie décente. Soumise à référendum aux Suisses en 2016 qui l'ont rejetée à 76 %, mais expérimentée actuellement en Allemagne, en Inde, en Alaska ou en Finlande, dans la plupart des cas de manière ciblée pour une population et un temps limités, cette idée d'un revenu universel ne laisse personne indifférent et suscite même souvent des opinions tranchées. Entre ceux qui considèrent l'idée géniale et ceux qui la trouvent horripilante et irresponsable, il y a de la place pour tous les avis, y compris ceux qui ont une (Valls) valse-hésitation et qui changent d'avis sur le sujet !

Sans nier qu'un regard caricatural ou une application irréfléchie mettrait évidemment à mal les finances de l'État qui l'appliquerait, creusant ainsi la dette de manière dommageable, la proposition mérite pourtant qu'on s'y arrête et que l'on aille un peu plus loin dans la réflexion à son propos. En effet, de nombreux arguments sont invoqués pour sa mise en œuvre, parmi lesquels la réduction de la pauvreté, l'amélioration de l'éducation, la réduction des inégalités. Des valeurs très en phase avec les recommandations bibliques de soin apporté à tous, d'équité ou même de générosité. Cela participe aussi d'une vision de la Terre, et des biens qu'elle produit, comme étant propriété commune de l'ensemble de l'humanité. La notion biblique d'année de grâce va du reste dans ce sens d'une juste redistribution des terres et des biens. Certes pour être viable, cela impliquerait une révision radicale des aides déjà en place qui pourraient être intégrées dans ce revenu universel, que ce soit le RSA, pourquoi pas tout ou partie des allocations familiales, chômage, logement… Du reste une étude en Allemagne a avancé que la mesure coûterait un peu plus de 500 milliards d'euros. Un gouffre certes, sauf que le cumul actuel des aides dépasse les 700 milliards. Vu sous cet angle, cela devient déjà plus viable.

Un des arguments avancés pour s'opposer à ce revenu universel est la valeur du travail qui deviendrait facultatif aux dires de certains. Pourquoi pas en effet. Pourtant, nul doute que la majorité continuerait à travailler puisque d'une part le travail est mine de rien souvent source d'épanouissement, et d'autre part, la plupart apprécieront d'avoir un revenu plus important que ce revenu universel. Dans la Bible on trouve l'idée selon laquelle « tout travail mérite salaire » (1 Timothée 5.18), ce qui semble donner toute sa valeur au travail et non à l'oisiveté, mais en même temps quand Jésus affirme que « l'ouvrier a le droit à sa nourriture », il le dit juste après avoir déclaré : « Vous avez reçu gratuitement, donnez gratuitement » (Matthieu 10.8-9). En d'autres termes, Jésus prend ses distances avec une vision du travail conçue comme une peine à subir, selon la célèbre maxime : « L'homme gagnera son pain à la sueur de son front » (Genèse 3.19). D'ailleurs, sa parabole des ouvriers de la onzième heure donne conjointement toute sa valeur au travail et à une rémunération qui ne dépend pas exclusivement du nombre d'heures travaillées. Le mérite n'est pas exclusif de la générosité, de la fraternité et d'une certaine forme d'égalité. Au final, peut-être que le revenu universel serait plus utile que futile !

Servir ou se servir

1er février 2017

François Fillon, candidat à la présidence de la République, est dans la tourmente. Ce que beaucoup ont baptisé le « Penelopegate », du nom de sa femme qu'il a fait travailler comme assistante parlementaire grassement payée, est un véritable feuilleton dont les détails ne cessent de s'étaler dans tous les médias. Travail fictif ou réel, telle est la question ! Penelope a-t-elle vraiment travaillé pour son député de mari, puis pour son suppléant et enfin pour la *Revue des deux mondes* ? Sans parler du travail de leurs enfants alors que François Fillon était sénateur. L'avenir dira si la bulle médiatique se calmera et si l'image du candidat de l'honnêteté et de la probité ne sera pas abîmée au point qu'il ne puisse maintenir sa candidature. Sans préjuger de ce qu'il adviendra, plusieurs remarques me semblent d'ores et déjà pouvoir être faites.

Le plus évident, c'est qu'un personnage politique qui aspire à présider devrait évidemment être dans l'état d'esprit de « servir », et non de « se servir ». Restons bien entendu prudents en attendant les résultats de l'enquête judiciaire qui semble aller très vite, mais en tout état de cause, de manière légale ou pas, François Fillon et sa famille ont bien profité des fonds publics. Tout chrétien qu'il est, comme il aime à le rappeler, il aurait pu ou dû s'inspirer plus concrètement de cette valeur clé de l'Évangile : « Quiconque veut être le premier parmi vous — a dit Jésus —, qu'il soit votre serviteur. C'est ainsi que le Fils de l'homme est venu, non pour être servi, mais pour servir et donner sa vie comme la rançon de plusieurs » (Matthieu 20.27-28). Sans aller jusqu'à donner sa vie, la moindre des choses de la part d'un dirigeant politique serait d'être exemplaire et altruiste, dans cette dynamique du service. Entendons-nous bien, il ne s'agit pas de renoncer à tout car il paraît légitime de rémunérer les leaders et leurs collaborateurs. De plus, il est très humain et presque normal que lorsqu'on a la possibilité de bénéficier de rentrées financières généreuses, ou d'être mieux payé, on l'accepte ou qu'on en fasse profiter sa famille. La modestie et la solidarité sont des idéaux qui se sont manifestement heurtés au principe de réalité pour François Fillon et les siens, mais attention de ne pas reprocher aux autres ce que l'on aurait peut-être accepté pour soi. L'emballement médiatique, s'il met en exergue des éléments discutables et discutés fait aussi parfois perdre la mesure des choses.

Par ailleurs, je reste dubitatif devant le système de défense et de communication de François Fillon. Il y a probablement des raisons pour que tous les politiques adoptent peu ou prou les mêmes mécanismes de défense dès lors qu'ils sont mis en question : on parle de la forme, on crie au complot, on accuse autrui, on nie. Les Sarkozy, Cahuzac ou Le Pen en sont des exemples flagrants. Etre combatif, oui ; ne pas être dupe d'intentions peu louables de tiers, bien sûr ; mais pourquoi tergiverser, nier, refuser de parler du fond, finalement pourquoi ne pas confesser ? Au-delà du fait de savoir si Penelope Fillon a effectivement travaillé, ce qui reste à prouver, ses modalités d'embauche et son niveau de rémunération choquent les Français. Je pense qu'un personnage politique sortirait grandi à faire son *mea culpa*. François Fillon aurait pu nous dire en substance : « Ma femme m'a toujours soutenu et a travaillé dans l'ombre pour moi et le système permettait que je l'embauche, je l'ai fait en la rémunérant très largement. Je me rends compte aujourd'hui que ce n'était pas la meilleure chose à faire. Je le regrette ». Si les citoyens *lambda* sont parfois exaspérés par les politiques, c'est justement parce qu'ils manquent d'authenticité, de vérité, qu'ils n'osent jamais admettre leurs erreurs. Certes, reconnaître ses torts écorne une image, mais les faits sont là et le mal est plus grand me semble-t-il en niant, en esquivant. C'est vrai qu'il n'y a rien de nouveau sous le soleil. Déjà Adam, après le péché originel, n'a pas assumé ses actes et a rejeté la faute sur Ève… Après lui, c'est notre penchant naturel à tous. On cherche toujours des excuses ou à reporter la faute sur autrui. En tous cas en politique, reconnaître ses torts semble être un interdit ; je le regrette. Pour ma part, je n'attends pas des présidentiables qu'ils soient parfaits, puisque je n'ai pas l'illusion qu'ils le soient, mais la lucidité, l'authenticité et la capacité de se remettre en question seraient des qualités utiles et importantes pour nos dirigeants. Pas que pour eux d'ailleurs !

Les lois ne font plus les hommes…

8 février 2017

Notre rapport à la loi est ambigu. Dans un sens elle nous dérange, en même temps elle nous protège. Elle est censée agir comme un repère, souvent elle nous exaspère. Si les lois sont évidemment utiles, leur nombre peut poser question, mais aussi la manière dont elles voient le jour, ou encore la façon dont elles sont appliquées. Comme le chantait Daniel Balavoine dans *La vie ne m'apprend rien* : « Les lois ne font plus les hommes mais quelques hommes font la loi ». De nombreux exemples de l'actualité viennent illustrer cette réalité mais également nourrir la réflexion à propos de notre rapport à la loi. Je ne parlerai pas des députés, ceux qui écrivent et votent les lois, dont le rapport à ces mêmes lois n'est pour certains pas forcément le plus exemplaire. Je ne parlerai pas non plus des dérives occasionnelles de policiers qui sont censés faire observer la loi ; les actes de ceux qui ont arrêté Théo à Aulnay-sous-Bois sont évidemment condamnables, même s'il faut bien reconnaître que les situations sont loin d'être simples. Je ne m'arrêterai pas non plus sur nos tendances à flirter avec la transgression de certaines règles, ne serait-que le Code de la route. D'ailleurs, les chiffres de la sécurité routière 2016 qui viennent de sortir ne sont pas bons. Pour la troisième année consécutive le nombre de morts sur les routes est en hausse, ce qui n'était plus arrivé depuis 1972 ! Ce gouvernement qui, contrairement aux précédents, a voulu mettre l'accent sur la sensibilisation plus que sur la répression n'aura pas atteint ses objectifs. Preuve peut-être que les lois et leurs côtés contraignants sont parfois indispensables pour atteindre certains buts et faire évoluer les mentalités et les pratiques.

Le rapport de la Cour des comptes qui vient de sortir donne à réfléchir à propos des lois et de leur utilité. Concernant l'écotaxe par exemple, son abandon a été un gâchis monumental, financier d'abord du fait des indemnités à payer, mais aussi par son manque à gagner et à sensibiliser sur une cause si importante. En son temps, quelques bonnets rouges bruyants et violents ont fait peur à ceux qui nous gouvernent et le projet de loi d'écotaxe a été abandonné. « Les lois ne font plus les hommes mais quelques hommes font la loi ».

La loi évolue et c'est bien normal, mais sur la base de quels critères ? Pour prendre un exemple, en France actuellement, seuls trois vaccins sont obligatoires, ceux contre la diphtérie, le tétanos et la poliomyélite. Sauf qu'il est impossible de n'être vacciné que contre ces trois maladies car les laboratoires pharmaceutiques ne commercialisent que des vaccins où ces trois-là sont associés à d'autres. Le Conseil d'État, qui avait été saisi, vient de se prononcer et a enjoint le gouvernement de prendre des mesures pour rendre disponibles d'ici à six mois les seuls vaccins obligatoires. Mais devant les complications que cela représente pour les laboratoires, ou peut-être surtout leur désir de vendre plus, la réflexion semble plutôt aller dans le sens de modifier la loi et du coup de multiplier le nombre de vaccins obligatoires. Pour certains médecins, cela va dans le bon sens, pour d'autres nettement moins ; toujours est-il que cela laisse songeur sur les vraies raisons qui justifient l'établissement des lois. « Les lois ne font plus les hommes mais quelques hommes font la loi ».

A l'inverse, une loi très demandée tarde à voir le jour. Celle qui concerne l'interdiction du glyphosate, l'herbicide le plus vendu dans le monde, très controversé en raison de ses probables effets sur la santé. Une fois encore on voit l'influence des lobbies et la force d'une société comme Monsanto. Du fait de leurs divergences, les États européens n'arrivent pas à se mettre d'accord et en attendant, le glyphosate est toujours autorisé en Europe. Mais bon, la formule de Balavoine aura-t-elle une chance de se voir infirmée ? Pour que ce ne soit plus simplement quelques hommes qui fassent la loi, une quarantaine d'ONG ont donné dans plusieurs capitales européennes, mercredi 8 février, le coup d'envoi d'une initiative citoyenne pour obtenir l'interdiction du glyphosate. Cette initiative doit recueillir, en l'espace d'un an, au moins un million de signatures dans sept pays de l'UE, avec un nombre minimum dans chaque pays. Ceux qui voudront influer un tant soit peu dans ce sens pourront apporter leur signature sur stopglyphosate.org.

A bien des niveaux, notre rapport à la loi est complexe, paradoxal et révélateur des chemins sinueux des humains. On ne peut que regretter quand les lois sont faites par quelques-uns avec des motivations partisanes… Mais cela ne doit pas nous empêcher d'espérer que les lois puissent façonner la société en fonction de valeurs clés. A ce titre, peut-être ne sera-t-il pas inutile de mentionner la belle formule biblique selon laquelle « Celui qui aime son prochain a pleinement accompli la loi » (Romains 13.10).

La solidarité : un délit ou un défi ?

15 février 2017

Les résistants sont des héros ! A juste titre... A l'époque de la Seconde Guerre mondiale, des hommes et des femmes prenaient des risques et enfreignaient les règles en vigueur pour sauver des opprimés, pour faire valoir des idéaux. Il y a une unanimité pour trouver cela louable. Les guerres prennent d'autres formes aujourd'hui ; les modalités de résistance aussi. Malheureusement, ce que l'on trouve formidable qui a été fait il y a quelques décennies, ne l'est pas quand cela advient aujourd'hui.

Un homme comme Jean Weidner a une plaque en son honneur à Collonges-sous-Salève pour avoir aidé des gens à passer la frontière franco-suisse. Cédric Herrou, lui, vient d'être condamné ce 10 février à 3 000 euros d'amende avec sursis par le tribunal correctionnel de Nice pour avoir pris en charge des migrants sur le sol italien. Cet agriculteur dans la vallée franco-italienne de la Roya a certes été relaxé pour d'autres actes d'accusation : installation sans autorisation, aide au séjour et à la circulation de migrants en situation illégale, mais le droit et son application continuent de prôner ce que certains ont appelé un « délit de solidarité ». En l'occurrence, il est vrai que la peine légère et avec sursis relativise les choses, mais un procès a bien eu lieu, et une condamnation a été prononcée. D'ailleurs, Cédric Herrou, malgré cette condamnation, a affirmé qu'il continuerait à agir. « Je le fais parce qu'il faut le faire » a-t-il dit en ajoutant : « Ce n'est pas sous la menace d'un préfet ni les insultes d'un ou deux politiques que nous arrêterons. Nous continuerons car c'est nécessaire de continuer ». Lors de son procès, le 4 janvier, il avait expliqué : « Au départ, je voyais des gens marcher sur la route, des Noirs, alors je les emmenais à la gare de Breil-sur-Roya. Et petit à petit, je me suis intéressé au problème ». Pour sa part, le procureur avait requis à l'encontre de l'agriculteur huit mois de prison avec sursis, la confiscation de son véhicule, ainsi qu'un usage limité de son permis de conduire aux besoins de sa profession.

Cette condamnation relance la notion de « délit de solidarité », surtout que cela fait suite à l'action en justice menée à l'encontre de Pierre-Alain Mannoni, professeur au CNRS, qui avait transporté trois Érythréennes à la gare de Nice afin qu'elles puissent se rendre à Marseille pour se faire soigner. En l'occurrence, il a été relaxé en janvier. Le « délit de solidarité » n'existe pas en tant que tel. C'est une formule qui n'est pas mentionnée dans la loi. L'expression est apparue en 1995 lorsque le Groupe d'information et de soutien des immigrés (Gisti) a initié un « manifeste des délinquants de la solidarité » à la suite de la multiplication de procès contre des Français ayant aidé des sans-papiers. Le slogan fait référence à l'article L 622-1 du Code de l'entrée, du séjour des étrangers et du droit d'asile, qui date de 1945. La loi y affirme que « toute personne qui aura, par aide directe ou indirecte, facilité ou tenté de faciliter l'entrée, la circulation ou le séjour irrégulier d'un étranger en France » encourt jusqu'à cinq ans d'emprisonnement et 30 000 euros d'amende. Le texte est censé lutter contre les réseaux clandestins de passeurs et de trafic humain, mais son utilisation contre des bénévoles et des citoyens venant en aide à des migrants lui a valu cette appellation de « délit de solidarité ». Une immunité familiale a été ajoutée à la loi en 1996, puis en 2003 une exception à la loi est apparue lorsque l'étranger faisait face à « un danger actuel ou imminent », mais la loi est demeurée. En mars 2009, une proposition de loi pour dépénaliser toute aide faite à un migrant lorsque la sauvegarde de sa vie ou de son intégrité physique est en jeu a été rejetée par l'Assemblée nationale. Enfin, en 2012, un aménagement a été apporté pour faire la distinction entre les réseaux de trafic et les bénévoles, les membres d'associations et les autres citoyens. Aucune poursuite n'est censée être engagée si l'acte n'a donné lieu à aucune contrepartie et a consisté à nourrir, héberger, soigner ou préserver la dignité de l'étranger. Il n'empêche que ces modifications n'ont pas empêché la poursuite de bénévoles ayant aidé des migrants, faisant perdurer le « délit de solidarité ».

Plutôt que d'être un délit, ne devrait-on pas voir la solidarité comme un défi. C'est en tous cas l'idéal que propose l'Évangile quand Jésus affirme que chaque fois que l'on a donné à manger ou à boire à quelqu'un, recueilli un étranger, visité un prisonnier, soigné un malade, c'est comme si c'était à lui qu'on l'avait fait (Matthieu 25.35-39). On peut regretter que la loi ne soit pas suffisamment claire concernant ce potentiel « délit de solidarité », mais il est des condamnations, comme celle de Cédric Herrou, qui ressemblent plus à des médailles qu'à autre chose, et qui manifestent que résister demeure d'actualité.

Hakuna matata

22 février 2017

L'actualité des adultes est parfois désespérante. Les mauvaises nouvelles se succèdent, les inquiétudes ne cessent de croître, les conflits sont incessants. Pourtant, il est des situations, *a priori* négatives, qui suscitent l'espoir, qui génèrent la joie, qui donnent envie de croquer la vie. C'est le cas de ce que Camille, Ambre, Tugdual, Charles et Imad nous proposent. Ce sont des enfants qui partagent le fait d'être lourdement malades. Dans un film documentaire actuellement à l'écran, la parole et l'image leur sont données et ne laissent personne indifférent tant ces enfants débordent de vie.

Ce film, dont le titre est emprunté à une chanson de Renaud : *Et les mistrals gagnants*, a été réalisé par Anne-Dauphine Julliand. Elle-même a été confrontée à la maladie grave et rare de sa fille, Thaïs, morte en 2007 à l'âge de 3 ans d'une leucodystrophie métachromatique. Son livre, *Deux petits pas sur le sable mouillé*, relate son expérience et le regard sur la vie que cela a suscité chez elle. D'ailleurs, selon ses dires, elle n'aurait jamais entrepris le tournage d'un tel film si elle n'avait pas été confrontée à cette situation de vie en tant que parent. « Il faut l'avoir vécu pour en connaître la difficulté et ce que cela permet de découvrir de la vie. Pour n'être ni dans le pathos, ni dans l'angélisme ».

Dans ce film *Et les mistrals gagnants*, la caméra suit ces cinq enfants gravement malades dans leur quotidien. Chacun à leur manière ils laissent entrevoir leur magnifique aptitude à croquer la vie malgré leur situation. Ils embarquent le spectateur dans leurs jeux, leurs apprentissages, leurs loisirs, leurs rencontres avec ceux qui les accompagnent et les soignent. Leur fraîcheur de vivre et leur optimisme est désarmant, interpelant. Leurs prises de paroles sont des perles, comme par exemple quand l'un d'entre eux affirme : « Quand on est malade, ça empêche pas d'être heureux ». Ou une autre : « C'est pas grave, on laisse tomber les choses qui nous tracassent, et… on vit avec ». Un troisième a adopté la formule « *Hakuna matata*… ça veut dire : "Pas de souci" ».

Ce film est une invitation à mettre un supplément de vie dans les jours. « Dans tous les jours — insiste Anne-Dauphine Julliand — parce que cette vie, nous oublions souvent de la vivre pleinement. Les enfants, en dépit des douleurs parfois grandes du quotidien, ont la capacité à passer des larmes au rire, à oublier leur peine sans s'apitoyer. Je suis émerveillée par leur aptitude à vivre l'instant présent, dans sa vérité. Ce sont des enfants, juste des enfants. Ils ne sont pas parfaits, mais ils ont cette sagesse innée. Ils nous invitent constamment à renouer avec la vie ».

Cette invitation à trouver ou retrouver cet esprit d'enfance me fait penser à ces paroles de Jésus : « Si vous ne changez et devenez comme les enfants, non, vous n'entrerez pas dans le royaume des cieux » (Matthieu 18.3), ou encore : « Laissez faire les enfants, ne les empêchez pas de venir à moi ; car le royaume des cieux est pour ceux qui sont comme eux » (Matthieu 19.14). C'est tellement vrai que les enfants peuvent nous aider à embrasser la vie et goûter le bonheur qu'elle peut nous apporter malgré les difficultés. Janusz Korczak, dans les lignes introductrices de son roman intitulé *Quand je redeviendrai petit*, l'exprime d'ailleurs admirablement : « Vous dites : c'est fatigant de fréquenter les enfants. Vous avez raison. Vous ajoutez : parce qu'il faut se mettre à leur niveau, se baisser, s'incliner, se courber, se faire petit. Là, vous avez tort. Ce n'est pas cela qui fatigue le plus. C'est plutôt le fait d'être obligé de s'élever jusqu'à la hauteur de leurs sentiments ». Le film d'Anne-Dauphine Julliand réussit admirablement à nous pousser à « redevenir petits » et ainsi à tendre vers la hauteur des sentiments des enfants. Je vous laisse avec les derniers mots de la chanson de Renaud qui a donné son titre au film et qui soutient musicalement ce documentaire qui ne laissera personne indifférent et qui ne pourra qu'encourager tout un chacun à ajouter de la vie à nos jours, notamment alors qu'on ne peut pas ajouter des jours à la vie. « Il faut aimer la vie et l'aimer même si le temps est assassin et emporte avec lui les rires des enfants… et les mistrals gagnants ».

Made for sharing

1ᵉʳ mars 2017

Le slogan proposé par la candidature française pour les Jeux Olympiques 2024 fait polémique. La formule « *Made for sharing* », en anglais, a été projetée sur la Tour Eiffel lors de sa présentation début février. Depuis, la controverse est alimentée par de nombreuses personnes et institutions. La formule en soi et l'idée qu'elle véhicule ne dérangent pas et d'ailleurs ne fait même pas parler, dommage. C'est le fait qu'elle soit en anglais qui suscite tant de réactions.

Bien que le comité de candidature ait également proposé une version française du slogan : « Venez partager », un collectif d'associations de défense de la langue française a attaqué en justice le slogan en anglais. Elles estiment que la formule « *Made for Sharing* » enfreint la loi Toubon de 1994 relative à l'emploi de la langue française, ainsi que la charte olympique. Selon leur lettre de mise en demeure, ce slogan ainsi que la cérémonie de lancement « intégralement en anglais » constituent « une insulte caractérisée à la langue française ». L'Académie française exprime également « sa réprobation ». Dans un communiqué, les sages ont à l'unanimité regretté que la priorité soit donnée à la langue anglaise alors même que la langue de Molière est langue officielle de l'olympisme. L'institution s'est même permis de porter un jugement ironique sur la qualité du slogan, rappelant que celui-ci avait déjà été utilisé lors de diverses campagnes publicitaires.

Les réactions du comité de candidature de Paris 2024 ne se sont pas fait attendre. Etienne Thobois, son directeur général a déclaré : « Honnêtement, on est assez étonné de cette polémique qui n'a pas lieu d'être. On s'exprime en français quand on en a besoin, et devant une audience internationale, on utilise l'anglais ou le français, et même parfois l'espagnol. [...] Nous, notre travail, c'est de convaincre 95 membres du CIO, qui viennent de 67 pays. Et il n'y a aucun Français puisqu'ils n'ont pas le droit de voter. Or, 80% des votants nous demandent de leur faire parvenir les documents en anglais ». Teddy Riner, l'un des ambassadeurs de la candidature de Paris 2024, avait dès la présentation du slogan anticipé les critiques, affirmant que l'objectif était « de parler à tout le monde ». Selon lui, « il fallait un slogan anglais pour partager un moment avec tout le monde, pour des Jeux universels ».

Le slogan « *Made for sharing* » a donc ses opposants et ses partisans. Que penser de tout cela ? En tant qu'ardent défenseur de la pérennité de la langue française, je crois utile et nécessaire de se battre pour préserver la spécificité francophone. Cependant, n'est-ce pas une position trop rigide que de nier la réalité internationale de l'olympisme et sa primauté anglophone ? Il ne faut pas se tromper d'objectif, qui en l'occurrence est bien de convaincre les décideurs d'opter pour la candidature de Paris. Du reste, comme l'un des responsables l'a affirmé, « le meilleur moyen de défendre la langue française dans le monde de l'olympisme, c'est de gagner l'organisation des JO 2024 ». Quitte à parler anglais…

En fait, une des questions qui se posent est de savoir si l'on reste centré sur soi ou si l'on accepte de s'adapter à l'autre… Dans la Bible, on trouve l'invitation à « se faire tout à tous » (1 Corinthiens 9.16-23). Il est également suggéré de « considérer les autres comme étant au-dessus de nous-mêmes », de « ne pas regarder à soi seulement, mais aussi aux autres » (Philippiens 2.3-4). Une attitude souvent difficile à mettre en œuvre tant il est facile de penser d'abord à ses propres intérêts. Pourtant, une forme de compromis, voire de centration sur l'autre, est source de bénéfice pour l'ensemble.

Au final, pour savoir si ce slogan aura été efficace et conquis la planète, rendez-vous le 13 septembre 2017, jour où le Comité international olympique devra départager Paris et Los Angeles. Surtout, espérons qu'au-delà du slogan en tant que tel, le message qu'il véhicule, qui encourage le partage, la fraternité et l'échange, pourra non seulement caractériser les JO 2024, mais dès à présent l'ensemble de nos relations. Notre monde en a plus que besoin… puisque nous sommes *made for sharing* !

Exception ne vaut pas exemption

8 mars 2017

On dit que l'exception confirme la règle… En d'autres termes, si une chose arrive une fois, il n'est pas légitime de généraliser. La langue française nous donne de nombreuses occasions de vérifier cette maxime. La vie aussi, à bien des égards. Cependant, en appeler à l'exception peut parfois nous dédouaner de notre responsabilité, ou constituer l'arbre qui cache la forêt. Quelques récents événements de l'actualité peuvent nous aider à réfléchir dans ce sens.

Dans la nuit du 6 au 7 mars, des braconniers se sont introduits dans le parc zoologique de Thoiry, ont abattu un rhinocéros blanc et ont tronçonné sa grande corne. Les raisons d'un tel massacre sont évidentes, puisque la corne de rhinocéros a une valeur marchande sur le marché noir asiatique de 40 000 à 60 000 € le kilo : plus que l'or qui vaut actuellement 38 000 € le kilo ! Cette valeur marchande est surtout due aux vertus aphrodisiaques ou thérapeutiques que l'on prête à la corne de rhinocéros, à tort en l'occurrence. Si des cornes de rhinocéros exposées dans des musées avaient déjà été dérobées en Europe, c'est la première fois qu'un animal y est abattu afin de récupérer ce précieux bien. Nous sommes donc là face une exception que l'on peut unanimement regretter… Nul doute d'ailleurs que nous sommes tous outrés de cet évènement et de cette attitude. Mais est-ce que cela nous dédouane pour autant ? Pourquoi sommes-nous choqués par la mort de ce rhinocéros ? Parce qu'il a une valeur symbolique ; parce que c'est un animal hors du commun ; parce que cela nous paraît ridicule de tuer un animal pour de la corne broyée aux vertus infondées. Cette instrumentalisation nous dérange. Mais pourquoi sommes-nous moins dérangés par les 1 900 animaux tués par seconde dans le monde notamment pour notre alimentation, soit 60 milliards d'animaux tués chaque année ?

Autre drame, autre exception. Ce que la famille Troadec vient de vivre est terrible, unique et inique. Hubert Caouissin a tué son beau-frère, sa femme et leurs deux enfants, les a démembrés, brulés et enterrés comme il a pu pour cacher son méfait. Un coup de folie, dit sa mère, qui l'a fait basculer dans l'horreur. On se dit qu'une telle attitude est une exception. C'est probablement vrai, heureusement. Il n'empêche que c'est l'aboutissement d'une histoire certes pas banale mais qui ressemble à bien d'autres. Une situation aux ressorts assez similaires à ce que nous vivons tous au quotidien : appât du gain, jalousie, mauvaises relations. L'histoire a commencé lorsque le père de Pascal Troadec aurait trouvé un trésor de lingots et de pièces d'or sur un chantier. Une fois son père décédé, Pascal Troadec aurait profité d'une hospitalisation de sa mère pour lui dérober le trésor. Lui et sa petite famille voient leur niveau de vie s'élever soudainement. Mais bien sûr, sa sœur et son beau-frère se sentent spoliés, car le trésor n'a pas été pas partagé et les ponts sont coupés. A force de jalousie et d'animosité, ce sentiment d'injustice a mené le beau-frère à l'impensable. Un cheminement de pensée et d'action qui a bien sûr été beaucoup trop loin, mais qui doit nous interpeler car nos petits calculs et nos petites jalousies à nous ne sont peut-être pas toujours aussi différentes que cela.

Deux situations parmi d'autres qui paraissent comme des exceptions ? Mais est-ce parce qu'elles sont exceptionnelles que cela nous dédouane ? D'une certaine manière, ce que les uns ou les autres font dans nos sociétés, même si cela ne nous rend pas responsables, doit nous concerner. L'exception ne vaut pas exemption. Il est essentiel de nous laisser interpeler par les dérives de notre monde qui permettent de tels drames. Dans la Bible, on trouve une allusion à l'impact qu'une exception peut avoir sur l'ensemble… Dans le sens du mal, comme dans le sens du bien. L'apôtre Paul affirme, en parlant d'Adam puis de Jésus-Christ : « Comme par la faute d'un seul ce fut pour tous les hommes la condamnation, ainsi par l'œuvre de justice d'un seul, c'est pour tous les hommes la justification qui donne la vie » (Romains 5.18). Il est probablement utile d'être sensible à la désespérance que quelques exceptions négatives véhiculent. Mais en même temps, il est vital de s'accrocher, et pourquoi pas d'être acteur de l'espérance que peut susciter l'attitude d'exception que certains peuvent incarner. Chaque situation est unique. Chacun d'entre nous est unique. Mais nos choix, nos attitudes de vie et nos actes peuvent avoir un impact sur l'ensemble. D'où l'importance de savoir quelle exception nous voulons être !

Une conscience à géométrie variable

15 mars 2017

Quelle est la place de la conscience dans nos choix de vie, qu'ils soient personnels ou professionnels ? Qu'en est-il même au niveau d'une nation ? Y a-t-il un devoir ou une possibilité de réserve, voire de retrait, lorsque l'on est incité à faire quelque chose qui est éthiquement discutable ? Dans l'actualité des derniers jours, deux cas de conscience ont été exprimés au plus haut niveau de l'État, de manière assez paradoxale mais intéressante.

Alors que l'élection présidentielle approche et que la possibilité de la victoire de Marine Le Pen devient de plus en plus plausible, même si pour l'instant les sondages montrent que ce n'est pas l'option la plus probable, deux ambassadeurs de France ont pris publiquement la parole pour s'en inquiéter. Thierry Dana, ambassadeur de France au Japon, a publié une tribune dans le journal *Le Monde* jugeant que les positions du FN sont incompatibles avec les principes de la République. Il affirme : « Je préférerais renoncer à occuper les fonctions qui me seraient confiées plutôt que de servir la diplomatie du Front National. Ce sera la mort dans l'âme, car quel plus beau métier que de défendre les couleurs de la France à l'étranger, de prôner la force de ses valeurs, l'universalité de son message ? [...] Et pourtant, ce métier, Mme Le Pen, je choisirais de l'abandonner s'il s'agissait de vous représenter ou de défendre vos positions. [...] La France est conquérante et vous voulez en faire un pré carré. La France est généreuse et vous voulez en faire une boutique repliée sur elle-même. La France est créative et votre vision sent le rance ». A la suite de cette publication, le ministre des Affaires étrangères, Jean-Marc Ayrault, a rappelé les diplomates à leur « devoir de réserve et au principe de neutralité », ajoutant : « Dans un contexte de montée du populisme, il convient de garder son sang-froid, sauf à prendre le risque de contribuer à alimenter la démagogie dirigée contre les fonctionnaires. [...] En tant que citoyen, chacun pourra peser, selon ses convictions et en exerçant son droit de vote, sur un choix essentiel pour notre pays ». Ce rappel à l'ordre n'a pas empêché Gérard Araud, l'ambassadeur de France aux États-Unis, de soutenir son collègue et même d'en rajouter une couche et lui aussi d'exprimer le cas de conscience qui se poserait à lui si Marine Le Pen était élue. Cette situation est significative... Le ministre est dans son rôle quand il appelle à la neutralité ; pour autant, n'est-il pas légitime pour un ambassadeur d'exprimer ce que sa conscience lui dicte, et le cas échéant d'agir en adéquation avec sa conscience ?

Preuve que la question est plus complexe qu'il n'y paraît ; c'est le même Jean-Marc Ayrault qui, à quelques heures d'intervalle, en appelle à la conscience, non plus de ses fonctionnaires mais d'une entreprise française. En effet, le cimentier franco-suisse Lafarge-Holcim a fait savoir qu'il était prêt à collaborer à la construction du mur anti-clandestins promis par Donald Trump. Ce projet à la frontière entre les États-Unis et le Mexique, qui reçoit des critiques dans le monde entier, est évalué à plusieurs dizaines de milliards de dollars ; de quoi aiguiser les appétits de Lafarge-Holcim, premier cimentier mondial. Cela ne semble pas susciter de cas de conscience pour son PDG, Éric Olsen, qui a rejeté la polémique en affirmant ne pas faire de politique mais simplement vouloir servir ses clients. N'importe quel client ? Jean-Marc Ayrault appelle en tous cas Lafarge-Holcim à « bien réfléchir » avant de se présenter « parce qu'il y a d'autres clients dans le monde qui vont regarder cela avec une certaine stupéfaction ». Le chef de la diplomatie française de rappeler d'ailleurs que « cette entreprise a déjà fait parler d'elle il y a peu de temps puisqu'elle a été accusée d'avoir financé le groupe État islamique pour pouvoir continuer des activités en Syrie ». François Hollande y a aussi été de son avis en marge du récent Conseil européen, en appelant le groupe à « se montrer prudent avant de se porter candidat ».

De manière assez significative, on voit donc ici une sorte de « deux poids deux mesures ». D'un côté une clause de conscience est critiquée, de l'autre, on y fait appel. Preuve de la complexité des situations et des positionnements, quand le ministre invite Lafarge-Holcim à la prudence, il le fait en évoquant le regard des autres clients potentiels... Sa motivation serait-elle plus commerciale qu'idéologique ? Quant au Président, il appelle lui aussi à la réserve, mais ne semble pas avoir de cas de conscience quand il se réjouit qu'en 2016 la France ait atteint un nouveau record de ventes d'armes, y compris à certains pays quelque peu douteux. La conscience de nos dirigeants, comme la nôtre, aurait-elle de multiples facettes, ou serait-elle à géométrie variable ? S'il n'est pas inutile de mettre le doigt sur les incohérences, y compris les nôtres, il demeure vrai qu'une éthique de situation implique que notre conscience analyse les choses au cas par cas, ce qui n'est pas contradictoire avec une certaine constance. Comme l'apôtre Paul l'a bien exprimé : « Examinez toutes choses et retenez ce qui est bon » (1 Thessaloniciens 5.21).

De l'utilité d'un plus petit que soi
22 mars 2017

La campagne officielle de l'élection présidentielle française est lancée. Le Conseil constitutionnel a validé onze candidatures. Pourtant, lors du premier débat télévisé, seuls cinq candidats ont eu l'occasion d'échanger sur leur programme et de présenter le type de présidence qu'ils désirent incarner. Ces cinq « grands » candidats que sont François Fillon, Benoit Hamon, Marine Le Pen, Emmanuel Macron et Jean-Luc Mélenchon ont été sélectionnés car les sondages leur prédisent plus de 10 % des voix. A côté d'eux, les « petits » candidats que sont Nathalie Arthaud, François Asselineau, Jacques Cheminade, Nicolas Dupont-Aignan, Jean Lassalle et Philippe Poutou font office de seconds rôles, voire de figurants. S'ils ont obtenu le droit de concourir, c'est qu'ils ont réussi à obtenir 500 parrainages d'élus, mais la question se pose concernant leur légitimité et leur utilité. Au-delà du débat sur le débat pour savoir s'il était normal de n'inviter que les grands candidats à la joute cathodique qui a d'ailleurs attiré près de dix millions de téléspectateurs, quelle place est faite à ceux qui n'ont pas l'opportunité d'avoir un espace médiatique qui leur donne l'occasion de faire sérieusement valoir leurs idées ?

Nicolas Dupont-Aignan, indigné de ne pas pouvoir dialoguer avec les grands, n'a trouvé d'autre solution que de faire un coup d'éclat en quittant le journal télévisé de TF1 pour manifester son désaccord avec la chaîne de n'être pas invité au débat. Il s'est ainsi privé d'un temps de parole, mais a fait parler de lui en créant le buzz. Avec un certain succès puisque la vidéo de son départ du JT a été vue plus de douze millions de fois et que les derniers sondages indiquent un frémissement des intentions de votes le concernant. Réussira-t-il à aller plus loin et à rentrer dans la cour des grands ? Rien n'est moins sûr, mais il n'en est pas moins vrai que « pour être grand, il faut avoir été petit ». Une question qui se pose malgré tout est de savoir pourquoi ces « petits » candidats se présentent ? Pour certains, l'objectif est très clair : ils défendent une position qui n'est pas représentée par les « grands » candidats. Leur candidature a alors une vraie légitimité. D'ailleurs, on peut regretter l'absence d'un candidat écologiste qui aurait pu mettre en exergue cet enjeu majeur pour l'avenir de notre monde. Pour d'autres petits candidats par contre, on peut s'interroger si finalement la petitesse qui décrit leur candidature n'a pas pour égale la grandeur de leur égo. En d'autres termes, ils n'ont aucune illusion ni intention de devenir président, pas vraiment d'intérêt à défendre des idées qui soient fondamentales pour la France, mais surtout l'envie de se faire un grand coup de pub personnelle. Ceci étant dit, ce n'est pas l'apanage des petits candidats. Il est clair que les grands candidats ne sont pas non plus dépourvus d'un égo substantiel. Il est indéniable qu'il faut de l'ambition pour espérer devenir Président de la République. L'ambition et la grandeur ne sont pas mauvaises en soi, mais la question est de savoir si c'est seulement pour se faire valoir ou si l'on se présente avec un véritable esprit de service, avec le désir de contribuer au développement de la nation et pour faire valoir des idées dont on a la conviction qu'elles sont bonnes pour le pays et pour tous.

Il est intéressant de se souvenir comment certains grands leaders évoqués dans la Bible ont accédé au pouvoir. Moïse a su faire face au Pharaon et mener le peuple hébreu hors de sa terre d'esclavage qu'était l'Égypte ; or, il n'a commencé sa mission qu'à la fin de sa vie, après des débuts prometteurs puis une phase de retrait, d'échec même. C'est lorsqu'il est devenu « petit », c'est-à-dire presque insignifiant qu'il a finalement été appelé à une grande tâche. Dans des circonstances très différentes mais en application d'un même principe, David a été choisi pour devenir roi dans une situation où il était vraiment le « petit ». L'histoire nous raconte que le prophète Samuel était venu dans sa famille pour désigner le futur roi, pensant que ce serait l'un de ses frères aînés, mais c'est finalement le jeune dernier, peu considéré par son père comme par le prophète lui-même, qui a reçu l'onction et qui est devenu un grand roi ! Il y a là un principe divin qu'il n'est peut-être pas inutile de se rappeler et que Jésus a bien mis en évidence en affirmant : « Celui qui est le plus petit d'entre vous tous, voilà le plus grand » (Luc 9.48). Il ne s'agit pas d'affirmer que la meilleure solution pour l'avenir de la France se trouve parmi les petits candidats, mais il n'est pas inutile de se souvenir que l'humilité est une vertu précieuse pour diriger. Si au moins la présence de petits candidats peut rappeler aux grands qu'« on a souvent besoin d'un plus petit que soi » selon la formule de Jean de la Fontaine, alors leur candidature n'aura pas été vaine.

La trahison, antonyme de la loyauté ?

29 mars 2017

Dans une campagne électorale feuilletonnesque, où la politique au sens noble du terme laisse trop de place aux petits jeux politiciens des uns et des autres, Manuel Valls a annoncé, le 29 mars, son choix de voter pour Emmanuel Macron dès le premier tour de la présidentielle. Il explique ce choix en mettant en évidence le danger du Front National et plaide pour un vote utile. Ce faisant, il contrevient à ses engagements puisque candidat à la Primaire de la gauche, il avait donné sa parole dans le sens de soutenir et de voter pour le candidat qui en sortirait vainqueur, en l'occurrence Benoit Hamon. Il a beau invoquer le fait que « ce n'est pas une question de cœur, mais une question de raison » et qu'il « prend ses responsabilités », les réactions ne se sont pas faites attendre. « Trahison » pour Hamon qui reproche à Valls d'aller « là où le vent va, au mépris de toute conviction ». Décision d'un « homme sans honneur » pour Montebourg ; « tristesse » pour Cambadélis ; « minable », « jeu morbide », « honte » sont des mots qui reviennent sur de nombreuses lèvres.

Manuel Valls s'interroge sur l'utilité de voter pour le candidat Hamon crédité de 10 à 12 % des intentions de vote. Mais alors pourquoi lui-même s'est-il présenté à la Primaire de la gauche alors que les sondages lui donnaient difficilement 8 %. Pourquoi appliquer aux autres ce qu'il ne s'est pas appliqué à lui-même ? Manuel Valls a beau jeu d'affirmer : « L'intérêt du pays dépasse les règles internes d'un parti ». Et il a raison en soi. Sauf que d'une part, on peut s'interroger sur l'intérêt du pays dont il est question, et surtout, ce qu'il faut entendre entre les mots est que c'est son intérêt personnel qui prime sur les règles du parti. Car la question qui se pose est celle de savoir pourquoi Manuel Valls fait ce choix à ce moment-là de la campagne. Il apparaît évident que son antagonisme avec Emmanuel Macron ne le poussait pas à le soutenir. Mais c'est bien son propre destin politique qui le préoccupe et ce choix est avant tout un choix stratégique personnel pour préparer l'avenir. Le troisième tour de l'élection présidentielle que sont les législatives se prépare maintenant et probablement que Manuel Valls espère fédérer autour de lui toute une frange de députés socialistes Macron-compatibles qui pourraient compter dans l'éventuelle future majorité d'Emmanuel Macron s'il était élu. Cela donnerait à Manuel Valls le statut de faiseur de roi, à défaut d'être roi !

Trêve de calculs et d'analyses politiques hypothétiques. Une chose est sûre, Manuel Valls a trahi. Il n'a pas été fidèle à sa parole et à son engagement. Cela me fait penser à Judas dont la Bible relate le célèbre baiser, symbole d'une trahison qui a précipité la crucifixion de Jésus. Judas est devenu une figure emblématique de la tromperie et est évoqué sans tendresse dès lors qu'il est question de déloyauté. Les choses sont pourtant plus complexes qu'il n'y paraît. Car si la trahison de Judas est indéniable et condamnable, il n'est pas inutile de se rappeler que son intention n'était pas de provoquer la mort de Jésus. Il espérait que son maître manifesterait sa puissance et son influence pour contrer ceux qui étaient venus l'arrêter et qu'enfin Jésus prendrait le pouvoir politique pour mettre fin à l'occupation romaine en Palestine. Judas, par son geste, espérait être faiseur de roi et accessoirement obtenir un bon poste pour avoir été le déclencheur de la révolution tant attendue. Son défaut d'analyse et ses mauvais calculs ont abouti à une fin tragique pour Jésus, mais aussi pour lui. Cela met en évidence que si la trahison est l'antonyme de la loyauté, cela n'exclut pas une certaine hauteur de vue… Mais cela fait aussi apparaître que l'intérêt personnel est rarement absent de la forfaiture !

L'avenir dira si le calcul de Manuel Valls a été le bon, pour le pays et surtout pour lui-même. Il y a de quoi en douter tant son image déjà bien écornée va pâtir de cette nouvelle anicroche. Au passage, on peut d'ailleurs s'interroger s'il rend vraiment service à Emmanuel Macron en le soutenant. Mais bon, il est vrai que dans ce monde, il faut souvent trahir pour grandir (ou se grandir). Pourtant, l'attitude de Jésus face à la trahison de Judas montre bien que la vraie force consiste souvent dans l'apparente faiblesse de la loyauté et de la constance. C'est un défi, mais la fidélité demeure une vertu magnifique, et il n'y a rien de tel que d'être fidèle à soi-même et aux autres. Et donc de ne pas renier sa propre parole !

Souffler le chaud et le froid

5 avril 2017

L a dynamique de la COP 21 semble bien loin. Le 12 décembre 2015, 195 pays avaient signé l'accord de Paris pour s'engager à lutter contre le réchauffement climatique. Après avoir été ratifié par plus de 55 % des pays qui produisent plus de 55 % des émissions de gaz à effet de serre, le traité est entré en vigueur le 4 novembre 2016. Ainsi, chacun est censé assumer ses engagements et contribuer ainsi à limiter à moins de 2° l'augmentation de la température d'ici la fin du siècle. Il faudra pour cela développer des énergies plus propres, limiter la consommation et mettre en œuvre de nombreuses mesures qui diminueront l'impact négatif des activités humaines sur la planète. Sauf que ce n'est ni en discutant, ni en signant un accord, encore moins avec de belles paroles que les choses vont se faire. La protection de notre planète dépend de l'engagement réel de tous à assumer nos responsabilités. Or, concernant l'écologie, les idéaux se heurtent souvent au principe de réalité. Même si pour le coup cela ne concerne pas exclusivement le réchauffement climatique mais un autre défi écologique, la promesse du Président François Hollande de fermer la centrale nucléaire de Fessenheim en est un exemple flagrant. Le quinquennat arrive à sa toute fin, or la centrale fonctionne toujours et l'on essaye seulement de décider d'un protocole pour s'orienter vers sa fermeture et le chemin sera encore certainement bien long avant que la chose n'arrive…

Mais pour en revenir au climat et ses défis, des résistances fortes se sont manifestées la semaine dernière. Presque simultanément, deux des plus grandes nations du monde, les Etats-Unis et la Russie, par la voix de leurs présidents respectifs ont fait planer un doute sur leurs engagements et (excusez le jeu de mots) fait souffler le chaud et le froid. En effet, Donald Trump a déclaré vouloir relancer l'industrie du charbon alors que Vladimir Poutine a remis en cause la responsabilité de l'homme dans le réchauffement climatique. Dans les deux cas, on discerne que les idéaux sont bafoués en vue de défendre des intérêts économiques. Donald Trump souhaite redonner du travail aux mineurs et pense aux profits potentiels qu'il y aurait à ouvrir de nouveaux centres d'exploitation du charbon. Quant à Vladimir Poutine, il a laissé entendre lors d'une visite dans l'Arctique qu'on ne peut rien contre le réchauffement climatique, mais il a surtout souligné que la fonte des glaces facilitait la navigation dans cette région, ainsi que son exploitation à des fins économiques grâce à l'extraction de nouvelles ressources naturelles. Est-il légitime et responsable de privilégier l'argent et les intérêts du présent au détriment d'une vision cherchant à préserver autant que possible une situation déjà bien fragile ?

La planète sur laquelle nous vivons, qui nous nourrit, qui nous réjouit, qui nous fait respirer, que nous habitons, qui nous émerveille, est un véritable trésor. C'est notre responsabilité de la protéger, non seulement comme une fin en soi, mais aussi pour sauvegarder nos conditions de vie, éviter de futures catastrophes climatiques et préserver l'environnement des générations à venir. L'écosystème de notre planète est fragile et ce n'est pas par hasard que la Bible, dès le récit de la Création, évoque l'invitation de Dieu à Adam et Ève de prendre soin de leur environnement. Comme l'expriment Hélène et Jean Bastaire, « Dieu confie à l'homme le soin d'aménager la nature, de la domestiquer, au sens littéral des mots. Aménager la nature, c'est faire ménage avec elle. La domestiquer, c'est fonder avec elle une maison commune (*domus*). Pour les premiers chapitres de la Genèse, dominer la nature est la même chose que la domestiquer, ce n'est pas la transformer en usine à poulets, mais en maison pour tous » (*Pour une écologie chrétienne*, p. 20).

Heureusement, ni Donald Trump ni Vladimir Poutine n'ont de totale liberté pour faire selon leur bon vouloir. Que ce soit la communauté internationale ou même dans leurs propres pays, la résistance se fait jour. La Chine, en son temps timide et réservée sur les questions écologiques, sort les griffes et rappelle chacun à ses devoirs et ses engagements. Aux États-Unis, Trump semble finalement assez isolé et beaucoup le laissent gesticuler alors que l'industrie énergétique elle-même souhaite largement développer des moyens de production plus propres et la majorité des États comme des grandes villes s'orientent vers des approches plus vertes, ce qui amène l'ex-maire de New York, Michael Bloomberg, très engagé dans la lutte contre le réchauffement climatique, à être rassurant. Il n'empêche, on peut critiquer Trump et Poutine, mais le risque existe que chacun à notre niveau, nous pensions ou agissions un peu dans leur sens en se disant qu'il y a d'autres priorités. C'est pourquoi, que ce soit par nos bulletins de vote ou par nos propres engagements, il est essentiel de nous sentir concernés pour faire face au défi du réchauffement climatique et donc d'agir pour la sauvegarde de notre planète bleue et pour le bien de tous.

Fraternité dans l'adversité

12 avril 2017

Mardi 11 avril, peu avant son match de ligue des champions contre Monaco, l'équipe de Dortmund a été visée par un attentat. Heureusement, les trois explosions n'ont fait que des dégâts relativement mineurs et un seul blessé est à déplorer : le défenseur Marc Bartra. Le match a été reporté au lendemain, et si le côté sportif de l'événement demeurait, il était dépassé par des considérations extra-sportives. Dès l'annonce du report du match, dans les tribunes, les spectateurs de Dortmund et de Monaco ont manifesté beaucoup d'empathie et de compréhension. La soirée a souvent été partagée dans l'amitié, de nombreux Allemands invitant les supporters monégasques à dormir chez eux pour attendre le match du lendemain. Le match venu, le protocole a été marqué par de multiples gestes de fraternité et de communion entre les supporters des deux camps. Le speaker a commencé en affirmant : « Votre soutien et vos encouragements dans le stade, hier soir, nous a beaucoup émus. Merci Monaco ». Reconnaissance à laquelle les Monégasques ont répondu par des applaudissements nourris et une longue ovation de leurs homologues. Le stade entier, et en particulier la tribune la plus imposante d'Europe qu'on appelle « le mur jaune », où derrière l'un des buts les fans portent tous le maillot au couleur du club, a alors entonné avec émotion le vibrant « *You'll never walk alone* » (Vous ne marcherez jamais seuls), chanson qui prenait une dimension bien plus grande que le seul habituel soutien sportif. Monaco l'a finalement emporté 3-2, mais les supporters allemands, conscients de l'état psychologique de leurs joueurs, ont été indulgents et ont communié avec leur équipe qui s'était mise en ligne devant eux, alors que les supporters de Monaco scandaient eux aussi : « Dortmund ! Dortmund ! ». Une fois l'euphorie du match passée, les acteurs se sont exprimés. On peut comprendre la frustration de l'entraîneur allemand qui aurait préféré un report plus lointain de ce match, mais la tonalité générale tendait à relativiser les choses. Ainsi le joueur du Borussia, Nuri Sahin, a affirmé : « Le football n'est vraiment rien après ce que nous avons vécu. Je sais que nous avons une belle vie, nous gagnons beaucoup d'argent, nous sommes célèbres, mais à cette minute-là, ce que nous avons vécu, ce que nous avons souffert... Quand je pense à ma femme et mes enfants, croyez-moi, le football n'est rien ». Kylian Mbappé, héros sportif monégasque, autour de deux buts, a bien résumé du haut de ses 18 ans l'état d'esprit de tous : « Sur ce coup-là, on était tous ensemble. Il n'y avait pas de clan ».

D'un côté, on aimerait que des choses comme cela n'arrivent pas, ni à Dortmund, ni à Stockholm, ni à Saint-Pétersbourg, ni à Londres, ni nulle part. D'un autre côté, on ne peut que se féliciter qu'à chaque fois, la fraternité émerge dans l'adversité, et cela est plutôt réjouissant. Je dis seulement « plutôt » réjouissant, car trop souvent, la fraternité est à géométrie variable... On parle beaucoup des attentats en Occident qui suscitent de fortes émotions, on parle bien peu et on manifeste beaucoup moins de fraternité quand ces attentats ont lieu en Syrie, en Irak, en Afghanistan ou en Somalie, où ils sont pourtant plus nombreux et plus destructeurs. Mais ne mettons pas d'ombre à la fraternité quand elle advient, au contraire... Peut-être que cette fraternité dans l'adversité devrait au contraire nous inciter à être plus fraternels dans toutes les situations. Si seulement tous les matchs généraient entre les joueurs et entre les spectateurs plus de respect. Si les candidats à l'élection présidentielle pouvaient passer un peu moins de temps à critiquer leurs concurrents et un peu plus à proposer leur projet de manière constructive, ils seraient plus en phase avec la devise de la République française dont l'un des trois mots est précisément la fraternité. Si entre les nations, il y avait un peu plus d'écoute et de compréhension, un peu plus de désir de marcher ensemble, l'Union européenne aurait meilleure réputation et l'ONU aurait un peu plus d'utilité. A tous les niveaux, collectifs ou individuels, la fraternité, même dans l'adversité, gagnerait à être une priorité. Dans la Bible, l'apôtre Paul insiste dans ce sens. Alors qu'il y avait des tensions et des divergences de vues entre les chrétiens de Rome, il invite les uns et les autres à s'accueillir mutuellement, à se respecter dans leurs différences. Il reconnaît la nécessité que « chacun, en son jugement personnel, soit animé d'une pleine conviction », mais il ajoute : « Mais toi, pourquoi juges-tu ton frère ? [...] Recherchons donc ce qui convient à la paix et à l'édification mutuelle. [...] Que chacun de nous cherche à plaire à son prochain en vue du bien, pour édifier » (Romains 14.5,10, 15.2). Une exhortation d'un autre temps mais qui demeure plus vraie que jamais. Si l'on peut se réjouir de la démonstration de la fraternité à Dortmund, qu'elle soit une invitation à plus de fraternité pour tous, en toutes circonstances !

Voter utile ou futile

19 avril 2017

La campagne de l'élection présidentielle en France a été bien longue. Enfin arrive le temps de voter. Les enquêtes montrent qu'il y a encore de nombreux indécis qui ne choisiront que dans les dernières heures quel bulletin ils mettront dans les urnes. Ce n'est pas inhabituel, mais cela est exacerbé cette année à cause d'une campagne inaccoutumée qui a vu des chamboulements dans les deux grands partis qui rythment la vie politique française depuis le début de la cinquième République. Le Parti Socialiste a explosé après un quinquennat morose offrant diverses alternatives internes et externes aux électeurs de gauche ; le parti Les Républicains est miné par la probité de son représentant ce qui rend les électeurs de droite très hésitants. Parmi les questions que chacun peut se poser, il y a bien sûr celle de savoir pour qui voter, mais la tentation pourrait aussi être de s'interroger s'il vaut la peine d'aller voter, et si cela servira à quelque chose.

A ces questions chacun répondra et agira comme il l'entend, évidemment. C'est heureux que l'on puisse avoir la possibilité de voter ou de ne pas voter, et bien sûr la liberté de choix. Ce n'est pas le cas partout et il faut savoir l'apprécier à sa juste valeur. Cela n'empêche pas non plus d'affirmer qu'il est illusoire de se dire que son bulletin de vote va tout changer. Jacques Ellul, dans son livre *L'illusion politique* avait mis en évidence les limites de l'action politique dans une société technicienne comme la nôtre. Il y a une double illusion pour Ellul, celle de l'homme politique qui a finalement peu de pouvoir face à l'appareil étatique, et celle des citoyens qui pensent pouvoir contrôler la politique par leurs votes alors que ceux qu'ils élisent n'ont que peu de marge de manœuvre. Faut-il pour autant renoncer à s'impliquer dans la vie politique et même à aller voter, comme Jacques Ellul en a fait le choix ? Je n'irai pas jusque-là. Sans nier les limites de nos démocraties et reconnaître que le champ d'action du prochain président sera plus limité que les candidats ne le laissent entendre, notre bulletin de vote est non seulement le garant d'une liberté de choix, mais il a aussi une capacité d'influence. Même si chaque bulletin de vote pris individuellement paraît finalement assez futile, il n'en est pas moins utile. Car les orientations de la France, comme de n'importe quel pays, dépendent clairement du choix de la majorité des citoyens. Je ne dis pas que nos vies changeront du tout au tout en fonction de qui sera élu, mais certains aspects de nos vies, certains choix de société, notre rapport aux autres pays, la gestion des finances publiques, le soin apporté aux plus démunis, l'attention à la protection de l'environnement sont autant de sujets qui seront impactés par la politique qui sera mise en œuvre par le prochain président. Il en ira très différemment selon qu'il s'agira de François Fillon ou de Jean-Luc Mélenchon, de Marine Le Pen ou d'Emmanuel Macron.

On dit parfois que le peuple a toujours raison ! Je n'en suis pas sûr. Certains votes passés en France comme certains votes récents dans d'autres pays laissent planer le doute sur le bien-fondé des choix des citoyens. Cela ne peut être que respecté, mais cela doit inviter les votants à bien réfléchir avant de glisser un bulletin dans l'urne. On dit par ailleurs qu'au premier tour d'une élection on choisit en fonction de ses convictions et qu'au deuxième tour on élimine. Cela n'est pas infondé et il est toujours important de faire concorder son vote et ses convictions, autant que faire se peut. Il est vrai que l'on peut parfois regretter la palette de choix qui nous est proposée. Cependant, l'impact d'une trop grande dispersion des voix peut parfois résumer le choix du deuxième tour à des impasses. Une élection n'est ni un concours de beauté, ni un jeu d'appréciation. Il en va, au moins en partie, de notre avenir et des valeurs qui comptent.

Dans l'Évangile, les chrétiens sont invités par Jésus à être « le sel de la terre » (Matthieu 5.13), c'est-à-dire à donner du goût et à apporter leur saveur à ce monde. Il y a bien des manières de le faire. Dans ce sens, l'engagement social des chrétiens gagnerait à perdurer, car beaucoup se fait déjà, et même à être augmenté. L'exemple de l'influence de Jésus autour de lui est un modèle à suivre qui ne devrait en aucun cas nous inviter à nous retirer dans une bulle d'indifférence. C'est pourquoi notre bulletin de vote n'est pas anodin. Il sera comme un petit grain de sel, d'où l'importance de bien le choisir afin qu'il contribue à la bonne saveur du prochain quinquennat !

Tendre vers la bienveillance
26 avril 2017

Les noms que nous utilisons pour nous adresser les uns aux autres sont souvent révélateurs, parfois plus que les grandes déclarations... En cette période électorale, les discours se multiplient et s'il est utile et intéressant de les analyser, je me contenterai de le faire sous l'angle très spécifique de la manière dont les candidats ont parlé des électeurs au soir du premier tour. Assez traditionnellement, plusieurs ont commencé en s'adressant à leurs « chers compatriotes ». C'est le cas des trois candidats qui ont obtenu le plus de voix, Emmanuel Macron, Marine Le Pen et François Fillon. Mais la suite de leurs discours respectifs est révélatrice de la manière dont ces compatriotes sont considérés. François Fillon en a dit peu et a juste mentionné les notions d'amitié et de reconnaissance envers ceux qui ont voté pour lui. Marine Le Pen a de manière assez attendue évoqué les « électeurs patriotes français ». Il est vrai que le mot « patrie » était déjà dans le « chers compatriotes », mais elle souhaite les voir devenir des « patriotes », comme pour accentuer l'exclusivisme. Quant à Emmanuel Macron, son vocabulaire est large et son lexique varié... Après les « compatriotes » de l'introduction, il évoque « le peuple » et « les citoyens de France ». A-t-il en ligne de mire son adversaire du deuxième tour avec ce vocabulaire ? Cela devient évident quand il affirme : « Je serai le président des patriotes face à la menace des nationalistes ». Il semble clair qu'il ne veut pas laisser croire que l'amour de la patrie est l'apanage de la seule candidate frontiste. En eux-mêmes, les mots « patriote » et « nationaliste » ne sont pas très éloignés, sauf que l'imaginaire qui leur est associé avec en plus le poids de l'histoire, donne un côté très péjoratif aux nationalistes. Mais au-delà de cette dimension polémique normale à l'heure de lancer la confrontation en vue du deuxième tour de l'élection présidentielle, une autre expression utilisée par Emmanuel Macron a attiré mon attention. Il a par deux fois dans son discours évoqué ceux qui l'écoutaient en disant « mes amis ». Terme assez inhabituel dans le langage politique, mais finalement assez bienvenu je trouve. Certes, il avait devant lui une foule de militants acquis à sa cause, et c'est probablement à eux qu'il pensait d'abord en parlant de ses « amis », mais il savait très bien qu'il passait en direct sur de nombreuses chaînes de télévision et qu'il s'adressait en fait aux Français. Cette expression « mes amis » était elle préparée, préméditée ou pas, je ne saurais dire. Je n'en suis pas sûr... Mais je trouve que c'est une belle manière de s'adresser à autrui. Il ne s'agit peut-être pas de décrire une réalité, car tous ne sont pas amis d'Emmanuel Macron, c'est le moins que l'on puisse dire, mais c'est un beau projet. C'est un beau regard sur les autres. Sur « les gens » !

Et si j'utilise cette expression « les gens », c'est justement parce que c'est la nouvelle formule choisie par Jean-Luc Mélenchon pour s'adresser à ses auditeurs et aux Français en général. Dans son discours au soir du premier tour, il a repris deux fois l'expression qu'il n'a cessé d'utiliser dans toute la campagne. Manifestement, « les gens » ont remplacé « les camarades » dans la bouche du candidat de la France insoumise. Renversement étonnant, car « les gens » est une formule très banale, neutre certes, mais peu remplie d'affection. En l'occurrence le mot « camarade » était lui bien plus riche de sens et porteur de sympathie. Si Jean Ferrat a fait l'éloge du mot dans une chanson, il est vrai que le mot « camarade » a pris une connotation communiste qui lui a fait perdre une part de sa fraîcheur et de son universalisme. Le mot « ami » employé par Emmanuel Macron est, d'une certaine manière, porteur du même sens sans la lourdeur historique.

Neutres ou engagées, les appellations pour qualifier les personnes sont révélatrices, non seulement d'une vision de la vie, mais aussi d'une conception des relations. Les premiers chrétiens avaient aussi choisi une formule pour s'adresser les uns aux autres : « frères et sœurs ». « Mon frère », « ma sœur », évoquaient des liens qui se voulaient forts, mais aussi un Père commun, Dieu étant souvent appelé « Notre Père » depuis la prière modèle de Jésus. Ces liens de fraternité n'étaient pas exempts de conflits, ni de défis, mais cela disait quelque chose de l'idéal d'une relation, finalement assez proche de l'amitié. D'ailleurs, dans l'un de ses discours, Jésus affirme : « Je vous appelle amis » (Jean 15.15). Alors quel que soit le prochain président de la République, s'il pouvait contribuer ou encourager à ce que l'on puisse plus souvent s'appeler « amis » les uns les autres, ce serait une bonne chose, assez en phase avec l'idéal de bienveillance que le favori de l'élection appelle de ses vœux. Je ne sais pas si la bienveillance a vocation à être « une hygiène démocratique » comme Emmanuel Macron l'a évoqué dans un récent discours, mais en tous cas, chercher à faire l'éloge de la bienveillance, et surtout à la vivre, là est un bel idéal, mes amis !

Une soirée d'ébats et de mal-entendus

3 mai 2017

Il existe diverses théories de la communication qui mettent toutes plus ou moins en évidence qu'il y a un émetteur, un récepteur, un message et des filtres. Le débat entre Emmanuel Macron et Marine Le Pen avant le deuxième tour de l'élection présidentielle française pourrait alimenter des théories de la non-communication. Il est vrai que communiquer est un art ; un art difficile. Et le moins que l'on puisse dire est que ce débat final n'a pas démontré une communication efficace et positive. Tous les commentateurs et les éditorialistes rivalisent d'expressions pour mettre en évidence la brutalité des échanges, la stérilité du dialogue, l'incapacité à s'écouter mutuellement. Marine Le Pen a voulu transformer ce débat en combat, elle y a réussi en déroulant approximations, insinuations, mensonges et invectives auxquels Emmanuel Macron n'avait pas vraiment d'autre choix que de répondre. Mais ces ébats, manifestement pas à la hauteur de la fonction à laquelle aspirent les deux débateurs, les ont rendus assez inaudibles et donc mal-entendus. Cela m'a fait penser à un texte intitulé *La communication : pas si facile* qui illustre le défi de bien communiquer : « Entre ce que je pense, ce que je veux dire, ce que je crois dire, ce que je dis réellement, ce que tu veux entendre, ce que tu entends, ce que tu crois comprendre, ce que tu veux comprendre, et ce que tu comprends réellement, il y a 9 possibilités de ne pas s'entendre ! »

Nous avons aujourd'hui plus de moyens que jamais pour communiquer. En un instant nous pouvons parler, écrire, envoyer des images à qui que ce soit, où que ce soit. Au cours de la campagne présidentielle, les moyens de communication les plus divers ont été utilisés ; que ce soient la bonne vieille page imprimée, les affiches, mais surtout les médias tels que la télévision, la radio et les réseaux sociaux dans toute leur diversité. Pour la première fois ont même eu lieu des meetings par hologramme à l'initiative de Jean-Luc Mélenchon. Pourtant, cette puissance médiatique inédite n'a pas empêché que cette campagne présidentielle ait été extrêmement peu centrée sur les messages, sur les contenus à communiquer… Depuis la célèbre formule de Marshall McLuhan : « Le média est le message », il est clair que l'on a pris conscience que les moyens de communication ou les personnes qui communiquent prennent le pas sur le fond de ce que l'on veut communiquer. Mais cela a pris des proportions que pour ma part, je veux ici regretter. Il est intéressant de noter que la communication contemporaine technologisée passe quasi-systématiquement par des écrans… Or le mot « écran » est significatif, au point que l'on est en droit de s'interroger si finalement cela facilite la communication ou au contraire la brouille, suscitant un obstacle, un écran, au véritable échange.

Pour proposer des alternatives à la violence de la communication, dont on a eu un exemple flagrant lors du débat d'entre-deux tours, il est intéressant de se pencher sur le concept de communication non-violente. Dans son livre, *Les mots sont des fenêtres (ou bien ce sont des murs)*, Marshall Rosenberg élabore une vision de la communication bienveillante, fraternelle, écoutante et donc, pourrait-on dire, une vraie communication. Il conceptualise la communication en quatre temps qui passent par l'observation et la prise en compte de ses propres sentiments, avant de mettre en avant ses besoins puis d'exprimer des demandes. S'il est clair que cette démarche envisagée pour les relations interpersonnelles ne peut se transposer telle quelle pour la communication politique, il n'en reste pas moins vrai qu'une bonne communication implique respect et écoute.

Dans la Bible, le livre des Proverbes contient quelques maximes remplies de lucidité et de sagesse qui vont dans le même sens et qui pourraient nous aider, à défaut d'aider nos politiciens, à communiquer plus efficacement et avec plus d'empathie. En voici quelques exemples pour conclure : « Une parole douce détourne la fureur ; une parole blessante excite la colère. La langue des sages rend la connaissance meilleure ; la bouche des gens stupides éructe l'imbécilité » (Proverbes 15.1-2). « Celui qui répond avant d'avoir écouté, voilà bien sa folie et sa confusion » (Proverbes 18.13). « Des lèvres menteuses couvrent la haine ; celui qui répand de mauvais propos est stupide. Avec beaucoup de paroles, les offenses ne manquent pas ; celui qui retient ses lèvres est un homme de bon sens » (Proverbes 10.18-19).

Vertueuse patience

10 mai 2017

Nous vivons dans le monde de l'immédiateté. Nous voulons tout, tout de suite. La patience est une vertu en voie de disparition… L'élection à la présidence de la République française d'Emmanuel Macron qui est non seulement le plus jeune président de l'histoire mais aussi la manière dont il a accédé au pouvoir en créant son parti il y a à peine un an, illustrent qu'aujourd'hui on aime faire les choses vite et bien, accéder à ses désirs dès que possible, sans attendre. Notre société de consommation marquée par le zapping et formatée par les nouvelles technologies nous a façonnés avec cette impatience chronique qui nous habite bien souvent.

Dans les innombrables suites que génère l'élection présidentielle, le feuilleton met en scène l'avenir politique des uns et des autres, avec en ligne de mire le gouvernement qu'Emmanuel Macron nommera dès sa prise de fonction mais aussi les élections législatives qui se profilent. Le bouleversement du paysage politique contribue à ce que chacun cherche la voie pour accéder, le mieux possible, si ce n'est le plus vite possible, à des fonctions auxquelles les aspirants sont nombreux. Or, parmi le personnel politique, deux figures ont fait des choix assez radicalement opposés… D'un côté Manuel Valls essaie de prendre le train en marche et souhaite rallier la majorité présidentielle. Il a, pour ce faire, annoncé sans même en avoir parlé avec les personnes concernées qu'il serait candidat aux législatives sous la bannière du parti présidentiel *La République en marche*. Un peu pressé, l'ex-premier ministre ! Or les réactions ne se sont pas fait attendre, et pour le coup elles sont assez fraîches parmi les collaborateurs d'*En marche*, et assez moqueuses dans l'opinion. Nul doute que si l'analyse peut faire hésiter entre opportunisme et stratégie politique, l'empressement de Manuel Valls n'est pas dénué d'arrière-pensées. Des pensées pas forcément bienveillantes envers Emmanuel Macron qu'il n'avait pas hésité à rabaisser à plusieurs reprises et de plusieurs manières quand il était encore son ministre. En souhaitant aujourd'hui se rallier, non seulement il prépare son avenir, mais en même temps il pose une pierre dans le jardin du président nouvellement élu. Manuel Valls a probablement conscience que sa réélection en tant que député ne va pas de soi et il espère, en ralliant Macron, retrouver dès le prochain scrutin un siège à l'Assemblée. Il n'a pas le temps d'attendre.

A l'inverse, Marion Maréchal Le Pen a fait le choix de la patience. On peut penser ce que l'on veut et être critique (avec raison me semble-t-il) de son positionnement politique et de certaines de ses idées, mais pour le coup, non seulement elle sait bien communiquer, mais en choisissant de ne pas se présenter à la députation, elle fait indéniablement un choix rempli d'une certaine sagesse. Il ne faut pas être dupe, il y a aussi de la stratégie dans sa démarche, mais elle semble bien plus pertinente que celle de Manuel Valls. Non seulement le retrait provisoire de la vie politique de Marion Maréchal Le Pen laisse un grand vide dans le parti frontiste, mettant ainsi en évidence son influence et son apport, mais qui plus est, elle pourra forger une expérience professionnelle qui enrichira son parcours, la rendant, le temps venu, encore plus incontournable. Au passage, motiver un tel choix aussi pour consacrer plus de temps à sa fille fait montre d'une hiérarchie des priorités dans la vie qui me semble intéressante.

Dans la Bible, on trouve un épisode significatif en termes de patience en lien avec une certaine vision de la gouvernance. C'est l'histoire de Moïse. Il avait eu l'opportunité d'être éduqué à la cour de Pharaon, Israélite qu'il était, et avait gravi les échelons les uns après les autres, au point d'être premier-ministrable… Un événement est venu contrecarrer son ascension et à 40 ans, il se retrouve berger dans le désert, obligé de fuir l'élite égyptienne. Le récit biblique relate que ce n'est que lorsqu'il a 80 ans que Dieu le sollicite et fait de lui le leader du peuple d'Israël afin de lui faire quitter sa terre d'esclavage et l'emmener en terre promise. Moïse n'accède à une fonction de gouvernance qu'après de longues années de patience. C'est précisément lorsqu'il pense que c'est trop tard qu'il devient l'homme de la situation. Sans faire de l'histoire de Moïse un modèle absolu ou à suivre, il n'en reste pas moins vrai qu'une valeur mise en exergue dans ce récit est précisément cette vertu de la patience. La Fontaine l'avait bien compris lui aussi en montrant qu'il ne suffit pas d'être lièvre pour arriver le premier. Savoir prendre son temps est une valeur en voie de disparition, pourtant elle est indéniablement précieuse. Nous gagnerions tous à nous en rappeler et surtout à essayer de l'exercer dans nos vies et nos relations. C'est Plutarque qui disait que « la patience a beaucoup plus de pouvoir que la force ».

Le pari de la synergie
17 mai 2017

L a France a un nouveau gouvernement et, comme annoncé par Emmanuel Macron lors de sa campagne électorale, cela fait bouger les lignes, pour ne pas dire que cela fait exploser les frontières des partis politiques traditionnels. Ainsi, parmi les vingt-deux ministres, on retrouve, en plus de personnalités de la société civile, des socialistes, des républicains, des centristes et des « marcheurs » du nouveau mouvement macroniste... Tous les partis en dehors des extrêmes sont donc représentés. Cela interroge sur l'avenir des partis traditionnels qui d'une certaine manière sont déstabilisés. Arriveront-ils à faire valoir un programme et des idées leur permettant de se différencier et de marquer une identité propre, notamment lors des prochaines élections législatives ? Par ailleurs, n'y a-t-il pas un risque avec une telle coalition de l'ensemble des partis dits « de gouvernement » que la seule alternative soit à l'avenir dans les extrêmes ? D'un autre côté, la France fonctionne depuis des décennies avec une opposition entre deux blocs, la gauche et la droite ; or cette fragmentation correspond à l'ère du temps. Du reste, dans de nombreuses démocraties européennes, cela fait bien longtemps que la seule manière de gouverner passe par des coalitions entre une diversité de partis, et ces pays s'en portent plutôt bien, même si dans le cas présent, on ne peut pas forcément parler de coalition. En tous cas, ce que j'ai envie de retenir de cette phase de la politique française est ce désir, cette intention, ce projet... d'essayer que des gens différents unissent leurs compétences pour travailler ensemble.

Il existe un très beau mot pour qualifier cette vision, c'est le terme « synergie ». Étymologiquement, il est l'association de *sun* « avec » et de *ergon* « œuvre, travail ». La synergie, c'est donc le fait de travailler ensemble, d'œuvrer solidairement. Ce mot est utilisé en physiologie pour évoquer l'association de plusieurs organes pour l'accomplissement d'une fonction. Il est aussi employé dans le monde de l'entreprise pour évoquer l'importance pour les collaborateurs ou les différents départements d'une entreprise d'œuvrer dans le même sens. Ainsi, la synergie est la valorisation de la complémentarité dans une organisation. D'une certaine manière, elle cherche à prendre en compte le constat qu'Aristote faisait déjà, à savoir que « le tout est plus que la somme de ses parties ». En d'autres termes, une véritable collaboration génère de meilleurs résultats que le fruit du travail d'individus chacun de leur côté. Je ne sais pas si cela fonctionnera de manière satisfaisante pour le nouveau gouvernement français, mais je pense qu'il y a là, au-delà de tous les petits calculs politiciens et les limites des approches partisanes qui risquent d'entraver les bonnes intentions, une belle idée qu'il vaut la peine d'essayer.

Si cette synergie semble se profiler avec le nouveau gouvernement français, cela constitue un bel idéal à tous les niveaux, de la famille à l'entreprise en passant par le monde associatif, sportif, ecclésial ou éducatif. Et cela demeure un défi dans le contexte individualiste qui caractérise nos sociétés. Même dans le football (ou d'autres sports) où par essence on joue en équipe, on a parfois l'impression que c'est devenu un sport individuel, chacun cherchant surtout à attirer la lumière à soi (et surtout les salaires qui peuvent en découler). La synergie, ce n'est pas abandonner son identité ou son profil spécifique, mais c'est chercher à conjuguer les talents, les expériences, les savoir-faire vers des buts communs, et pour le bien du plus grand nombre. C'est ce phénomène étonnant qui fait que lorsque l'on travaille en bonne harmonie, les énergies sont décuplées... ou en tous cas bien orientées. En effet, la notion de synergie est liée à celle d'énergie. Il est si facile de gaspiller une énergie étonnante pour s'opposer à ses collaborateurs, alors que la synergie vise finalement à canaliser et mutualiser les énergies pour œuvrer dans la même direction.

La notion de synergie est présente dans la Bible. Elle paraît sous la forme d'un verbe pour évoquer la fécondité du lien et de la collaboration notamment entre Dieu et les humains. Mais on retrouve aussi l'idée de synergie dans les douze occurrences du mot *sunergos*, dont on voit bien la proximité sémantique avec le mot synergie, et qui signifie littéralement « ouvrier avec », « compagnon ». Littéralement, en français, un compagnon c'est celui ou celle avec qui l'on partage son pain. Or justement, la Bible montre toute la beauté et les potentialités d'œuvrer en commun, de partager, d'être solidaire plutôt que solitaire. Aujourd'hui, les nouveaux ministres français se retrouvent compagnons d'œuvre au service de la France. Puissent-ils œuvrer en synergie et réussir du mieux possible, c'est tout ce qu'on leur souhaite... Et puis, parce que nous aussi sommes tous amenés d'une manière ou d'une autre à vivre ou travailler avec d'autres, puissions-nous en faire des *sunergos*, des compagnons, dans une synergie qui conjugue le bonheur d'autrui avec l'épanouissement de soi pour le bien de tous.

Prendre de la hauteur

24 mai 2017

Depuis le 17 novembre 2016, Thomas Pesquet a la tête dans les étoiles. Arrivé à bord de Soyouz MS-03 dans la Station spatiale internationale, l'astronaute français vit un véritable rêve et nous fait rêver par procuration, comme en témoigne la popularité de son blog, de ses photos et vidéos. L'envoyé spatial ne vit pourtant pas une vie tranquille car il doit faire face aux réalités et aux limites de la vie dans l'espace et puis il aura dû mener à bien une centaine d'expériences scientifiques, la moitié pour la NASA, l'autre moitié pour l'Agence spatiale européenne dont il dépend. Ses deux sorties extra-véhiculaires auront sans nul doute été des moments exceptionnels avec cette expérience de flotter dans l'espace et une vue à couper le souffle. Il aura sans doute fait germer de nombreuses vocations parmi les milliers d'écoliers qui ont eu le privilège de dialoguer avec lui dans le cadre d'un partenariat avec l'Unicef.

Dans quelques jours, il va quitter le ciel pour revenir sur terre. Dans une récente interview, il disait à la fois s'en réjouir et s'en inquiéter quelque peu. En effet, il attend avec impatience de retrouver ses proches mais aussi une vie plus normale. Comme il l'affirme : « Ici c'est un environnement extrêmement technique, technologique, ce n'est pas très naturel à part les trois salades qu'on fait pousser dans le laboratoire Colombus ». Du coup, il dit aussi se réjouir de pouvoir à nouveau profiter de ces moments qui paraissent anodins et qui lui manquent, comme « se jeter sur son lit et se laisser emporter par la fatigue dans les oreillers », « une bonne douche bien chaude, de la nourriture fraîche », ou encore « se promener dehors, la pluie, le vent, la nature en général ». Pourtant, vivre en orbite, à 400 km au-dessus de la Terre a du bon car cela permet d'échapper aux problèmes du quotidien, et puis d'une certaine manière de mettre les choses en perspective, de prendre de la hauteur.

Je retiens certaines phrases du blog de Thomas Pesquet, elles sont très belles, très simples quelque part, très profondes aussi, ce qui est facilité par cette distance physique… Mais j'ai aussi envie d'y voir des pistes pour une certaine manière de vivre ici-bas, où la pesanteur garde nos pieds sur terre, mais où il n'est pas interdit d'avoir la tête dans les étoiles, ou même d'essayer nous aussi de prendre de la hauteur.

Quand Thomas Pesquet affirme : « Quelle extraordinaire sensation de se sentir si petit face à l'immensité de l'espace », cela peut nous encourager à relativiser nos problèmes du quotidien. Quand il parle de l'impesanteur et de la nécessité de s'adapter, cela devient une vraie leçon de vie. Il déclare : « Je crois que pour apprécier l'impesanteur, il faut tout simplement accepter de perdre le contrôle. Il ne faut pas s'accrocher à tout ce qu'on trouve pour se rassurer. L'idée est de se lancer, sans trop réfléchir, pour apprendre ». Il raconte également son sentiment alors qu'il passait le sas pour entrer dans l'ISS : « Une vague d'émotions m'a envahi. A cet instant, j'ai pensé à tout le travail accompli. Mes études pour devenir pilote de ligne, le test de sélection des astronautes, ma préparation pour cette mission… Cela en fait des sacrifices ! Pourtant, je ne me rappelle que le meilleur ». Thomas Pesquet nous montre par là que, pour que nos rêves ou nos projets se réalisent, cela implique un réel investissement personnel, mais que cela en vaut la peine. Et indéniablement, cela passe aussi par une certaine capacité à s'émerveiller. Lors de sa première observation de la Terre depuis la coupole panoramique de la station, il dit avoir été frappé : « Notre planète brille ; on ne se rend pas bien compte comme ça, mais grâce au soleil qui se réfléchit sur les nuages, sur le bleu des océans, la Terre est phosphorescente. Elle illumine les yeux ». J'y discerne une invitation à voir tout(tous) ce(ux) qui brille(nt) autour de nous. Il est tellement facile de se focaliser sur ce qui ne va pas, sur les manquements ou les défauts des autres, alors qu'il y a tant de joie à voir ce qui va bien, ce qu'il y a de beau.

Ces jours-ci, nous vivons le week-end de l'Ascension, en référence à la montée de Jésus au ciel, quarante jours après sa mort et sa résurrection à Pâques. La Bible nous dit qu'un jour Jésus reviendra pour nous prendre au ciel avec lui… Mais en attendant, rien ne nous empêche d'essayer de prendre de la hauteur dans notre manière de voir les situations, les gens et la vie. Cela n'éliminera pas tous nos soucis mais cela nous permettra de voir les choses sous un angle différent, en espérant y distinguer le meilleur. Bonne ascension !

Jeu de mains, jeu de symboles

31 mai 2017

Se serrer la main pour se saluer est un geste *a priori* relativement banal. Pourtant, il est plus porteur de sens et rempli de symboles qu'on ne pourrait le croire. Certains recruteurs sont par exemple très attentifs à la poignée échangée, une main moite ou molle étant le signe d'un peu de stress ou de détachement. Mais l'actualité vient de nous donner quelques cas d'école grâce à Donald Trump. Avec le Président américain, on pourrait même parfois parler de véritables passes d'armes, de manière aussi étonnante que paradoxale finalement, puisque l'origine d'une poignée de main remonte, selon une première version, au temps où les chevaliers tendaient la main droite pour bien montrer qu'ils n'avaient pas l'intention de dégainer leur épée, ou selon une seconde version assez similaire, tendre et serrer la main servait aux interlocuteurs à montrer qu'ils venaient sans arme. Sans arme peut-être, mais pas sans âme, tant il est vrai que l'on met un peu de soi dans la manière de serrer une main.

Depuis qu'il a été élu à la présidence des États-Unis, Donald Trump a plusieurs fois fait parler de lui à cause de ses poignées de main. Il y a d'abord eu celle échangée avec le Premier ministre japonais le 10 février : il a happé la main de Shinzo Abe, l'a tirée vers lui et l'a gardée pas moins de 19 secondes, temps insupportable et irrespectueux qui a manifestement indisposé le dignitaire japonais qui faisait déjà une concession en serrant la main alors que selon sa tradition on se salue plutôt en s'inclinant. Donald Trump a réitéré ce qui est devenu sa « *Trump pump* » quelques jours plus tard auprès de Justin Trudeau, à la différence près que le jeune Premier ministre canadien a résisté à l'effet de pompe du Président américain. A l'inverse, le refus de Donald Trump de serrer la main d'Angela Merkel le 17 mars était lui aussi significatif. Du coup, assez logiquement, la première poignée de main qu'allaient échanger Donald Trump et Emmanuel Macron devait être passée à la loupe, et cela n'a pas manqué.

Le jeudi 25 mai, en marge du sommet de l'Otan, les deux hommes ont déjeuné ensemble et la poignée de main qui a précédé a beaucoup fait parler. Voici quelques extraits du compte-rendu qu'en a proposé le webzine américain *Paste* :

« La poignée de main démarre, comme la plupart du temps, par un rapport de force. Trump et Macron commencent à se serrer la main en se regardant droit dans les yeux. A ce moment-là, aucun n'a l'avantage mais il est évident, à voir l'expression sur le visage de

Trump, qu'il est un peu surpris par la force du Français. Les deux hommes esquissent une grimace et essaient de transformer cette grimace en sourire. Mais il est clair qu'une épreuve de force est entamée. Au bout de deux secondes, Trump tente son mouvement breveté, la "*Trump pump*", une traction énergique vers lui-même qui a déjà détruit plusieurs chefs d'État. Mais cette fois-ci, ce n'est pas le même film car Macron le contre si vite, et avec une telle force, que Trump ne gagne pas plus de 2 cm d'avantage. [...] Après cette audacieuse manœuvre, Trump, sidéré, ne parvient pas à s'en remettre. Le sourire de plus en plus large, Macron continue de lui tirer sur le bras et il amplifie sa prise sur la main de Trump, en augmentant la pression sur les phalanges du Président américain. A la cinquième seconde, ne souriant pratiquement plus, Trump détourne le regard – une rareté – et se tourne vers les photographes, l'air désemparé. Il reste une demi-seconde dans cette position quand survient le moment critique qui va tourner le monde de la poignée de main sens dessus dessous : il essaie de retirer sa main. [...] Et là, de façon incroyable, Macron ne le lâche pas. Comme pour mieux affirmer sa victoire, et mettre un peu plus la honte à Trump, Macron continue de serrer. Les doigts de Trump s'animent dans une tentative de reprendre la main, et ils se relâchent à nouveau. Finalement, Macron fait montre d'un peu de pitié et relâche la main de Trump tout en lui disant "*thank you*" en anglais, une allusion subtile pour lui signifier qu'il l'a dominé devant tout le monde et qu'il peut désormais utiliser le langage de l'adversaire vaincu pour asseoir sa victoire. En tout, la poignée de main n'a duré que six secondes, beaucoup plus courte qu'à l'accoutumée pour Trump. [...] Ce fut une victoire brutale en faveur du Président français, ponctuée d'une dose d'humiliation. Et cela va clairement ternir l'image de Trump dont l'aura d'invincibilité vient d'être transpercée. Par un Français ».

Si la tradition de se serrer les mains est un signe de paix, d'accord et d'accueil, cela peut devenir un geste politique, un combat diplomatique, une lutte symbolique et même partiellement physique, comme en a témoigné Emmanuel Macron après l'épisode : « Ma poignée de main avec lui, ce n'est pas l'alpha et l'oméga d'une politique mais un moment de vérité. Il faut montrer qu'on ne fera pas de petites concessions, même symboliques ».

Il est vrai que les symboles sont importants. Dommage pourtant qu'une poignée de main ne demeure pas d'abord un symbole de fraternité. Dans la Bible, tendre la main est un symbole de bénédiction ; et s'il est vrai que la Bible encourage aussi les mains « fermes » ou « fortes », nos mains ont vocation à être porteuses de bien, que ce soit dans nos gestes efficaces ou symboliques. Mais finalement, puisque nos poignées de mains reflètent un peu qui l'on est, il ne s'agit pas seulement se focaliser sur nos mains mais d'y mettre du cœur.

La post-vérité : légitimation du mensonge ou ode à la subjectivité ?

7 juin 2017

Nous vivons à l'ère de la post-vérité ! L'usage de cette expression s'est répandu au cours des derniers mois, devenant même le mot de l'année 2016 pour le sérieux et célèbre *Oxford dictionary*, et a concouru pour être le mot de l'année 2017 en France. Fin mai, lors du verdict, le mot « post-vérité » n'a pas été lauréat, au bénéfice du terme « renouvellement », mais il n'en est pas moins vrai que la notion de post-vérité est révélatrice de notre société. La post-vérité évoque l'idée selon laquelle les émotions et les opinions ont plus d'importance que la réalité des faits. Ainsi, une opinion personnelle infondée ou même un fait erroné peut s'exprimer et trouver une légitimité. C'est le cas notamment aux niveaux politique et social en lien avec les affaires publiques. L'usage du mot a d'ailleurs explosé en 2016 par rapport aux deux événements politiques majeurs qu'ont été le Brexit au Royaume-Uni et l'élection de Donald Trump aux États-Unis. Avant d'en arriver là, ou pour en arriver là, nombre de *fake-news* et de contre-vérités ont été exprimées sans gêne qui se sont propagées sans filtre de par les bulles médiatiques que génèrent l'omniprésence et la puissance des médias et des réseaux sociaux. Mais plus largement, cette notion de post-vérité avec le primat de la subjectivité, de l'opinion, des émotions, touche bien des domaines, de la politique donc jusqu'aux relations interpersonnelles en passant par le marketing, le management... Encore tout récemment, dans une émission grand public plutôt sérieuse, une journaliste interrogeait une ministre en se basant sur des faits erronés ; le simple fait de devoir répondre, corriger, justifier donne une caisse de résonnance à la fausse information. Bienvenue dans le monde de la post-vérité.

L'expression est apparue pour la première fois sous la plume de Ralph Keyes dans son livre intitulé *The post-truth era*, paru en 2004. L'auteur montre bien comment il est plus facile d'infléchir l'opinion publique en jouant sur les émotions et la démagogie qu'en s'appuyant sur des faits avérés. Selon Keyes, « le cyberespace qui privilégie le superficiel à la profondeur, la simulation à la réalité, le plaisir au sérieux, serait le lieu de perdition des faits ». Un exemple fondateur qui d'une certaine manière a ouvert l'ère de la post-vérité est la déclaration de Colin Powell, le Secrétaire d'État américain qui, le 5 février 2003 à l'ONU, a affirmé détenir des preuves de la production d'armes de destruction massive par l'Irak. Cela a fait basculer l'opinion publique de la majorité des pays occidentaux et a entraîné la guerre du Golfe alors que les preuves avaient été fabriquées de toutes pièces et ne correspondaient en rien à la réalité.

Un autre auteur, promoteur et analyste de l'expression post-vérité, Harry Frankfurt, considère que le monde de post-vérité dans lequel nous vivons découle de la philosophie postmoderne, défendue par Jacques Derrida et d'autres, qui tend à tout déconstruire et relativiser. Ceci étant, déjà Parménide en son temps opposait le domaine de la vérité à celui de l'opinion. Quant à Martin Heidegger, il faisait la distinction entre la « vérité », dans le sens de dévoilement, et la « réalité », ce qui est le contraire des apparences. Le concept de vérité est aujourd'hui tellement mis à mal que la notion de post-vérité a donc été inventée pour qualifier tous ces mensonges que l'on essaie de faire passer pour vérités, infondées souvent, subjectives parfois, mais que l'on croit légitimes parce que fruit d'une opinion personnelle ou en lien avec des émotions que personne n'aurait le droit ni le pouvoir de contredire.

Cette émergence de la post-vérité me semble être assez paradoxale. D'un côté, il faut le dire clairement, c'est affligeant de voir combien le mensonge est banalisé. Mais ce n'est pas nouveau ; ce qui est neuf, c'est d'une part que l'Internet permet une diffusion rapide et générale et offre une caisse de résonnance vertigineuse ; et d'autre part que cela ne semble moralement plus condamnable. J'ose croire, pourtant, que la vérité, l'authenticité et la sincérité sont des valeurs qui ont encore un avenir car essentielles à bien des niveaux des relations sociales et interpersonnelles. Ceci étant dit, il faut bien reconnaître que sur certains sujets, la vérité contient une part de subjectivité, les faits doivent être interprétés et il est des questions dont les réponses gardent une part de mystère. Il n'est peut-être pas inutile de se rappeler la question devenue célèbre de Pilate dans son dialogue avec Jésus, question qui est restée en suspens : « Qu'est-ce que la vérité ? » (Jean 18.38). La non-réponse de Jésus indique bien que laisser une part à l'indicible est parfois fructueux. D'ailleurs, comme pour montrer que la vérité ne réside pas intégralement dans les faits, un peu plus tôt, Jésus s'était présenté comme celui qui est la vérité, en affirmant : « Je suis le chemin, la vérité et la vie, nul ne vient au Père que par moi » (Jean 14.6). Dire la vérité demeure un idéal (Zacharie 8.16), mais il n'est pas toujours aussi simple que cela de saisir la complexité de la vérité. D'ailleurs, dans ce sens, il est intéressant de mentionner que le terme « vérité » dans la Bible évoque la notion de « fidélité ». Et si être vrai, c'était avant tout être fidèle à Dieu (pour les croyants), fidèle à soi, fidèle envers autrui ?

On ne donne bien qu'avec son cœur
14 juin 2017

Ce 14 juin est la Journée mondiale du don du sang. Une occasion de sensibiliser à l'importance de donner son sang. C'est en effet vital car le pourcentage de la population qui donne son sang régulièrement est minime, de l'ordre de 4 % en France, ce qui permet certes d'avoir un stock actuel de 75 000 poches de sang, mais cela ne représente que 11 jours de sécurité. Or chaque année, près d'un million de Français sont soignés grâce à ces dons. Dans le monde, c'est 112 millions de dons qui sont collectés par an. Si cette générosité est essentielle et qu'il convient de remercier les donneurs, il importe également de développer ces dons. D'ailleurs pour ce faire, une campagne originale a été lancée, intitulée : « La vie ne tient qu'à une lettre, celle de notre groupe sanguin ». En fait l'idée est d'inviter les entreprises et les institutions à supprimer, le temps de cette journée mondiale, les lettres A, B et O de leurs noms, de leurs logos ou de leurs titres. Cette opération #*MissingType* a été créée en Grande-Bretagne et touche maintenant 22 pays. En France, plusieurs journaux et organisations ont joué le jeu. Comme la Ministre de la santé et des solidarités, Agnès Buzyn, qui a tweeté sans les lettres des groupes sanguins A, B et O : « Le d_n du s_ng : un _cte de s_lid_rité ». On parle de « don du sang », et il est vrai que c'est le plus souvent un véritable don, c'est-à-dire gratuit, mais malheureusement il existe encore ici ou là des dons du sang qui sont rémunérés, ce qui ne s'apparente plus à un don.

Cette dérive, où le don n'est plus véritablement un don, est probablement plus réelle et problématique dans le domaine des dons d'organes. Là aussi il y a des besoins, et ils sont tels que cela ouvre justement la porte aux trafics. En France, en 2017, un changement important a eu lieu par rapport aux dons d'organes. En effet, être donneur impliquait un acte volontaire ou en tout cas une autorisation de la personne ou de sa famille. Depuis le début de cette année, la législation s'est inversée : nous sommes tous donneurs potentiels, et s'il faut se manifester c'est pour refuser d'être donneur. Ce principe du « consentement présumé » a pour but de multiplier les dons d'organes clairement insuffisants en France en matière de cœurs, de poumons et de reins... En 2015, quelques 5 700 greffes ont pu être effectuées alors que plus de 21 000 personnes étaient en liste d'attente. On peut s'interroger sur la pertinence d'être donneur « par défaut » Ne perd on pas toute la force du don qui est fondamentalement un acte volontaire ? Dans l'absolu, cela pourrait être idéal que l'on favorise l'initiative de donner, mais au vu de la situation il ne paraît pas incohérent d'essayer de simplifier et de faciliter la démarche dans le but de bénéficier de plus d'organes.

Donner n'est jamais un acte neutre. D'ailleurs, l'actualité du don fait aujourd'hui place à une polémique en Espagne. Le patron de la chaîne de magasins de vêtements Zara, Amancio Ortega, deuxième fortune mondiale avec 74 milliards d'euros, a fait un don de 320 millions pour la lutte contre le cancer. C'est certes peu comparé à sa fortune, mais il n'était en rien obligé de le faire. Étonnant dès lors que certaines voix s'élèvent contre ce don, lui faisant des reproches sur sa gestion et évoquant de manière assez déplacée l'époque de Franco.

En fait, dans la dynamique du don, le plus important n'est-il pas l'intention et l'état d'esprit ? On ne donne bien qu'avec son cœur, ai-je envie de dire. Que l'on donne de son sang, que l'on soit prêt à donner ses organes, que l'on donne de son argent ou de son temps, ou plus important encore peut-être donner de l'amour, l'essentiel est de le faire de manière sincère et altruiste. Il est bien clair qu'un don est rarement totalement désintéressé. Marcel Mauss, dont l'*Essai sur le don* est devenu célèbre, a bien mis en évidence qu'il y a une constante qui régit l'ensemble des échanges humains. Elle se résume en trois verbes : donner, recevoir, rendre. Sans nier qu'un don implique le plus souvent une volonté, une liberté ou une gratuité, l'acte de « donner » ne peut exister sans qu'il y ait réception, au sens d'acceptation, et le fait de « recevoir » implique *de facto*, dans une forme ou une autre, un « rendre ».

La Journée mondiale du don du sang, comme notre statut de donneur présumé d'organes, peuvent nous sensibiliser à tout le potentiel et à toute la force du don. Donner, c'est recevoir. Donner aujourd'hui c'est peut-être bénéficier du don d'un autre demain. Mais plus encore, être dans la dynamique du don, c'est être au bénéfice d'une vie où l'on est enrichi parce que donner fait sens, anoblit notre humanité et nous fait entrer dans le domaine de la grâce. Dans un monde où l'égoïsme et la possession sont souvent en bonne place, oser faire des gestes gracieux n'a pas de prix. Comme l'a si bien dit Khalil Gibran : « C'est peu donner que donner de ce qu'on a. Le véritable don, c'est donner de soi ».

Chaleur du corps, froideur d'esprit
21 juin 2017

La canicule bat son plein sur une bonne partie de l'Europe. Nous avons chaud. C'est plus ou moins normal alors que nous venons officiellement d'entrer dans l'été. Il n'empêche que ces pics de chaleur et autres canicules sont de plus en plus fréquents. Difficile d'être climato-sceptique quand on observe l'évolution des températures qui indéniablement vont en augmentant. A vrai dire, le fait n'est pas vraiment contesté. Ce qui l'est, c'est la cause de cette montée de la température globale de la planète. Pour la majorité, et notamment pour le Groupe d'experts intergouvernemental sur l'évolution du climat (GIEC), l'activité humaine est la cause principale du réchauffement observé. A n'en pas douter nos modes de vie contemporains y sont pour quelque chose. Non seulement, et c'est l'essentiel, en termes de rejets de gaz à effet de serre et de production de CO_2, mais c'est un ensemble de facteurs qui entrent en jeu, sur le fond comme sur le ressenti. Ainsi par exemple, la vie citadine qui concerne la majorité, vient accentuer cette impression et cette production de chaleur. L'omniprésence de surfaces minérales fait que les chaussées et les bâtiments emmagasinent l'énergie lumineuse, et on distingue des différences de 4 à 10 degrés entre un centre-ville surchauffé et la campagne ou le parc environnants.

Au-delà de nos thermomètres qui s'affolent, des incendies qui se multiplient au Portugal ou ailleurs, des pics de pollution qui vont de pair avec le beau temps et la chaleur, le faible niveau des nappes phréatiques, la question qui se pose est de savoir que faire. L'enjeu est majeur. Une étude parue le 19 juin dans la revue *Nature Climate Change* conclut que le danger de « mourir de chaud » (au sens littéral de l'expression) guette aujourd'hui près d'un individu sur trois dans le monde. Certes, on ne peut pas appuyer sur un bouton pour que les choses changent. Il faudra du temps (si c'est encore possible) pour limiter ou infléchir les courbes. Mais cela doit faire appel à notre responsabilité. Celle de chacun à un niveau personnel, mais plus encore chez nos dirigeants. C'est en ce sens que la décision de Donald Trump de se retirer de l'accord de Paris sur le climat est si triste et si lamentable. Irresponsable. C'est manquer de hauteur de vue et de froideur d'esprit. Il a beau plaisanter ces jours-ci en évoquant que le mur qu'il veut construire entre les États-Unis et le Mexique pourrait être fait de panneaux solaires... C'est plus dans un souci économique qu'écologique.

Ce qui est réjouissant néanmoins, c'est que la prise de conscience du plus grand nombre et l'évolution des mentalités sont telles que nombre d'initiatives fleurissent de-ci de-là. De la part de certains États mais pas seulement. Ainsi le Centre national d'études spatiales vient de dévoiler deux projets qui pourront aider à mieux connaître et donc à mieux lutter contre le réchauffement climatique. Deux satellites seront lancés avec cette intention. On peut aussi mentionner une initiative portée notamment par le physicien Stephen Hawking qui vise à instaurer une taxe carbone aux États-Unis. Un système original est envisagé, non pas seulement pour faire payer, mais surtout pour inciter à valoriser les énergies propres. De nombreuses personnalités y compris des grands chefs d'entreprise abondent dans ce sens. En fait, c'est cela que je trouve le plus intéressant suite à la décision de Trump ; c'est qu'il a eu beau décider du retrait des États-Unis de l'accord de Paris, ce n'est pas cette décision qui pourra vraiment inverser la logique évidente de ce qui importe pour l'avenir. Quand bien même le Président américain reste influent et qu'indéniablement sa décision aura un impact négatif, il est bon de voir la multitude des réactions de gouverneurs, de chefs d'entreprises, de maires, de citoyens, de décideurs de tous horizons qui affirment que quelle que soit la position officielle à la tête de l'État, eux s'engagent à respecter les objectifs adoptés lors de la COP 21 de Paris.

On a rarement raison tout seul contre tous. Dans le livre biblique des Proverbes, on trouve cette parole pleine de bon sens et de foi : « Écoute le conseil, accepte la discipline, pour qu'enfin tu deviennes sage. Nombreux sont les projets dans le cœur humain ! Mais seul le dessein du Seigneur tiendra » (Proverbes 19.20-21). Les petits calculs de Trump pour penser prioritairement au pouvoir d'achat des Américains et aux succès électoraux qui vont avec est une piètre vision de court terme. Mais l'intelligence collective comme le sens des responsabilités peuvent malgré tout encourager à s'engager dans la juste voie. A chacun d'oser assumer sa part de responsabilité, être un contre-pouvoir quand c'est pour une juste cause, et agir en conséquence. C'est peut-être lorsque nos corps subissent la « chaleur » des températures qu'il est bon de garder suffisamment de « froideur » d'esprit pour penser et agir dans le sens du bien, pour soi et pour tous.

Ode au renouveau

28 juin 2017

La fin d'une chose vaut mieux que son commencement, dit-on. Or c'est déjà la fin de l'année ! Une de plus. Pour le meilleur ou pour le pire ? Quand on regarde les événements qui se sont passés depuis un an, on est en droit de s'interroger. D'un côté on peut déplorer la récurrence de trop nombreux attentats, les défis au niveau de l'emploi et de l'économie, trop de catastrophes et de guerres ou encore les dégradations écologiques ; mais d'un autre côté, il y a tant de belles histoires et de bonnes nouvelles qui pourraient être racontées. On préfère souvent parler des trains qui arrivent en retard et non de ceux qui arrivent à l'heure. Toujours est-il qu'une des réalités de l'actualité internationale, et notamment française, de ces derniers mois peut être caractérisée par un mot : « renouveau ». Cette année a été très électorale et le moins que l'on puisse dire est que l'ensemble de ces élections ont été marquées par un renouvellement assez radical des responsables politiques. Il y a indéniablement un désir de changement dans nos sociétés contemporaines. Après le Brexit, le nouveau visage que représentait Theresa May en Angleterre semble quelques mois plus tard déjà mis à mal alors que les législatives anticipées qui devaient lui donner une majorité encore plus large indiquent déjà un désir de changement. L'élection de Donald Trump était pour le moins inattendue et symbolise la volatilité des électeurs, puisque qu'à peine élu, les sondages montraient déjà qu'une majorité d'Américains regrettaient leur choix. En France, le nouveau et jeune Président qu'est Emmanuel Macron a ouvert la voie à un Parlement assez radicalement remanié. Lors de la rentrée parlementaire qui vient d'avoir lieu, pas moins de 432 députés sur 577 le sont pour la première fois. Ce renouveau est aussi une réalité au niveau de l'âge des députés. Preuve du rajeunissement à l'Assemblée nationale, il y a 32 élus qui ont moins de 30 ans, 103 qui ont entre 30 et 40 ans, et finalement seulement 107 qui ont plus de 60 ans. C'est tout à fait inédit, comme l'est d'ailleurs la proportion de femmes, puisqu'elles sont 224 à siéger dans l'hémicycle, bien plus que les 155 de 2012 ou les 107 de 2007. Ce renouveau en réjouit certains, en inquiète d'autres… Cela apporte un sang neuf bienvenu avec son corollaire de nouvelles idées et d'innovation mais ne se prive-t-on pas d'une expérience utile et importante ? En tous cas, il y a un temps pour tout et parier sur la jeunesse est le plus souvent un pari gagnant. Quant aux plus âgés, de nouvelles pages de vie et de nouvelles manières de servir peuvent les concerner. Jean-Pierre Raffarin l'a bien compris en ne s'accrochant pas à la vie politique et en mettant fin à son mandat de sénateur pour se consacrer à la création d'une ONG. Comme quoi, même les plus anciens peuvent être acteurs du renouveau.

Se tourner résolument vers l'avenir, ce n'est pas forcément oublier le passé. D'ailleurs, le 14 juillet prochain, Donald Trump siègera au côté d'Emmanuel Macron lors du traditionnel défilé des Champs-Elysées afin de célébrer les 100 ans de l'entrée en guerre des Américains pour aider notamment les Français. À l'heure où le renouvellement à la présidence des États-Unis semble plus inquiétant que le renouvellement politique français, il peut être bon pour construire l'avenir de se souvenir du passé. Non pas pour le regretter ou essayer de le retrouver, mais pour en apprendre les leçons comme l'on peut profiter de la sagesse des plus anciens, tout en ayant l'énergie des plus jeunes.

Dans la Bible, il est aussi question du vieux et du neuf, du renouveau. Au travers d'une parabole, Jésus évoque l'idée selon laquelle il importe d'avoir des outres neuves pour le vin nouveau. Mais si Jésus est acteur et penseur de la nouveauté, il a conscience que les changements sont parfois douloureux, mais aussi qu'il ne s'agit pas d'oublier qu'il y a du bon dans ce qui est vieux… puisqu'il affirme que le vin vieux est meilleur (Luc 5.36-39). Ainsi, pour Jésus, le renouveau n'est pas synonyme de coup de balai, d'exclusion des uns au bénéfice des autres. Il s'agit justement, dans un vivre ensemble constructif et dans une interaction fructueuse, de contribuer au renouveau incessant de tout et de tous. Ce ne sont pas d'abord les étiquettes ou les titres qu'il faut changer, mais soi-même. Avoir un cœur nouveau, un esprit nouveau, tel est le gage d'une vie heureuse.

Cette quête d'une harmonie entre le vieux et le neuf qui permet malgré tout le renouveau peut être symbolisée dans l'une des belles histoires de cette année. A Faou dans le Finistère, Fernande, 81 ans, a pris l'initiative d'apporter une collation et sa bonne humeur aux ouvriers engagés dans un chantier de rénovation d'une des places de la ville. Depuis octobre et jusqu'à la fin du chantier ces derniers jours, elle a inlassablement et gratuitement apporté café et gâteaux faits maison aux jeunes travailleurs. Un bel exemple de renouveau qui balaie les habituels égoïsmes… où les anciens et les plus jeunes sont en synergie, où les personnes aux cheveux blancs manifestent une jeunesse d'esprit étonnante, et où le renouveau est surtout source de plus de fraternité.

Sommaire